心の壁の壊し方

「できない」が「できる」に変わる3つのルール

永松茂久
Shigehisa Nagamatsu

Kizuna Pocket Edition

きずな出版

何かを始めようとしたときに
多くの人はこの言葉が頭に浮かぶ

「無理かも」

「ダメだ」

「やっぱりやめよう」

幼い頃、誰もが
ヒーローアニメや
シンデレラストーリーに
憧れて
キラキラした夢を見る

しかし、いつの間にか
その夢は
記憶の彼方《かなた》に置き忘れられた
月よりも遠い世界の産物になる

やがてなんとなく大人になり
特にやりたいことを
見つけることもない
毎日の中で
スーパースターのような
生き方をしている人を目にして
もう一度そんな生き方を目指してみる

しかし
「無理だよ」と決めつける
周囲の心ない言葉に
打ちのめされて
もう一度
自分の殻《から》の中に舞い戻る

これは、そんな経験をしたことのある人のための本である

人は二度生まれる
一度目はお母さんの体の中から誕生する瞬間
そしてもう一度は
「できない」と思い込んでいる壁を壊《こわ》して
「できる」自分へ変わる瞬間

一度目の誕生を
「BIRTH」
そして二度目の誕生のことを
「BREAK」と呼ぶ

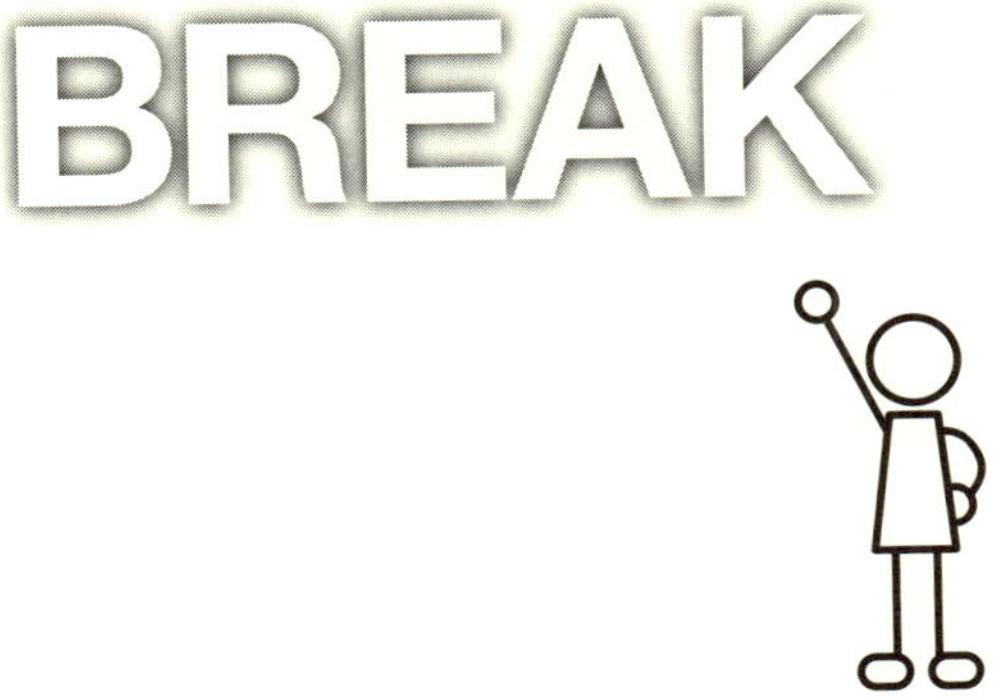

方法を知れば
心の壁は簡単に壊れていくこと
そして自分の中にある
想像力の強烈なパワーを
あなたは必ず知ることになる

人は変われる

いつからでも何歳からでも
あなたが思っているよりも遥《はる》かに鮮《あざ》やかに
そして簡単に

さあ、新しい自分を始めよう

はじめに

「本当はこうしたいんだけど、やっぱりやめておこう」
「そんなことできっこないよ」
「無理無理。ぜったいに無理」

何かに挑戦しようとするとき、結果が出る前からこんな言葉が心に湧《わ》いて、結局なにもせずに終わってしまうことはありませんか？

人は誰もそれまでの経験の中で、「ここまではできる」「ここから先は無理」と自分なりの基準をもっています。そして「無理」「できない」と判断すると、そこから先には進まないようになってしまいます。

しかし、もしその基準が、あなたの単なる思い込みだったとしたら？

進んだ先にあなたが欲しいものがあったとしても、一歩を踏み出さなければ、結局それは手に入らなくなってしまいます。

自分が決めた思い込みだけで、あなたの人生の大きな可能性を狭《せば》めてしまうのは、あまりにももったいないと思いませんか？

はじめまして。永松茂久といいます。現在、僕の経営する株式会社人財育成JAPANは、九州で5店舗の飲食店を経営する陽《ひ》なた家ファミリー事業部、そして本の企画や制作をする出版事業部、そして講演や企業セミナー、そして個人の人生をよりよくするためのコンサルティングを行う東京の人財育成事業部（「人材」ではなく「人財」と書きます）の三つの事業部で成り立っています。

僕は講演や企業のコンサルティングのお仕事で、毎日たくさんの方とお会いします。その中でよく感じることがあります。

それは、

多くの人がやる前から「無理」「できない」と決め込むクセがついてしまっている

ということです。

いまでこそこんなことを言っていますが、なにをかくそう僕にもそんな時期がありました。なにをやっても自信がなく、うまくいかない気がして足がすくんでしまう。そして結局、なにもせずにあきらめてしまい、楽しそうにやっている人を、うらやましく思っていました。くやしさがあっても、どう動いていいのかがまったくわからなくなっていきました。

しかし、そんな僕が、誰にでもできる3つのシンプルなことをやっただけで、それほどたいした努力もなく、「できない」と思い込んでいたことは「できる」に変わり、「無理」という言葉は、口からだけではなく、心の中からもスーッと消えていきました。

いまも書店には数多くの成功法則本が並んでいます。すばらしい本もたくさん存在します。

しかし、心が目に見えない「壁」に囲まれたままだと、いくらすばらしい理論を知ったとしても、結局はその「壁」に阻《はば》まれて、絵に描いた餅になってしまいます。

まず初めにいちばん大切なことは、その「壁」を壊して「できない」という思い込みから自由になることです。

僕の会社のスタッフたちに向けて、僕自身が「できない」という思い込みから自由になることができた経験を、3つのコーチングルールにまとめて伝えていくと、彼らはみるみるうちに変わっていき、それぞれが得意分野で数多くの奇跡を起こしはじめました。

その3つのルールとは、

「影響を受けること」
「言葉の環境を変えること」
「仲間をつくること」

です。そしていま、彼らの輝きが全国から注目されるようになり、その育成法をお伝えできるようになりました。そしてありがたいことに、この育成法は、現在、たくさんの企業経営者やリーダーさんが学んでくださっています。

僕の会社の人財育成事業部には、三つの核になるセオリーがあります。

一つ目が僕の人生のお師匠さんから教えていただいたことを体系化した**「永松塾」**、そして二つ目が、僕が12年間の事業経営の中で気がついた、人としての在《あ》り方を体系化した**「フォー・ユー理論」**、そして三つ目が、誰もが心の中にもっている「思い込みの壁」を壊して、なりたい自分へと変わる方法を体系化して生まれた、**「セルフイメージコーチング」**です。

僕はいまも事業のど真ん中にいる一経営者です。ですから理論的にと言うより、実際に現場での経験の中から生まれた実践論としてお伝えさせていただきます。

ということで、僕のいちばん身近で変わっていった例として、僕の会社のスタッフたちのエピソードを中心に書かせていただきます。

あなたと約束します。この本を通して、必ずあなたに「自信」をプレゼントします。そして今回お伝えするこの「3つのルール」を実践していただくと、あなたの人生は劇的に変わりはじめます。

準備はいいでしょうか。では始めます。

心の壁の壊し方［目次］

第2章 心のしくみを理解する

第3章

飛べない鳥の物語

第4章

「できない」が「できる」に変わる3つのルール

Rule① 【影響を受ける】

Rule ② 【言葉環境を変える】

Rule ③【仲間をつくる】

最終章

心の壁はこうして壊れていく

本書は、２０１３年に小社より刊行された『心の壁の壊し方
――「できない」が「できる」に変わる３つのルール（ＤＶＤ付）』
を「Kizuna Pocket Edition」として再編集したものです

第1章

なぜ人は変われないのか？

■あなたのチャレンジを止めようとするもの

「あなたは何回チャレンジをしたらあきらめますか？」

この質問を３０００人の男女にインタビューしたところ、なんと平均回数が１回以下だったそうです。ということは、つまり一度もチャレンジせずにあきらめてしまう人が大半を占《し》めるという驚きの事実があるのです。

なにか新しいことを始めようとしたとき、条件反射のように、

「でもな、経験ないし」
「お金ないしな」
「失敗したら恥ずかしいし」

と、多くの人は行動を止めてしまう。それでもなんとか、その気持ちを振り切って一歩を踏み出そうとしても、気がついたら、また不安が出てくる。これを繰り返して、結局最初の段階で行動を止めてしまうのです。この、人の行動を止めるものの存在を、

といいます。

心の壁

では、あきらめてしまう人は幼い頃から心の壁があったのでしょうか？
いいえ、そんなことはありません。多少の差はあるにしても、いまよりもっと未知の世界にワクワクして夢を描いたはずです。しかし何らかの原因で、いつのまにかその好奇心は消え、日常の中に埋もれてしまうのです。

「成功する人なんて氷山の一角だよ」
「どうせ自分には無理なんだ」
「あの人は運がよかっただけだよ」

こんなふうに自分をあきらめてしまったり、またうまくいっている人に対して、心の中で批判的になってしまうこともあります。

■そもそも「無理」って決めたのは誰？

世の中には、人が驚くようなことを平然とやってのける人がいます。逆に、どれだけ努力してもうまくいかない、もしくは一時はうまくいっても、またすぐ元に戻ってしまう、その繰り返しに自信を失い、「どうせ自分なんて」「何をやってもたかが知れている」とあきらめてしまう人もいます。

どちらかというと圧倒的に後者の数のほうが多いでしょう。このあきらめさせるものが先ほどお伝えした「心の壁」です。

この心の壁は、なぜ生まれるのでしょうか？

何も経験していない子どもの心は真っ白です。そして成長して経験が増えていくにつれて、この真っ白なキャンバスにいろんなことが書き込まれていきます。目にしたもの、耳から入る言葉が人の心をつくっていくのです。

そのダントツいちばんの制作者は、あなたの両親です。

次がおじいちゃん、おばあちゃんかもしれません。そして、ここからだんだん制作者は増えていきます。近所のお兄ちゃん、お姉ちゃん。親戚の人。幼稚園の先生。小学校の先生、中学校の部活の顧問。高校、大学の先輩。そして社会人になってからの上司など。たくさんの人たちがあなたの心にいろんなことを書き込んでいきます。

こうしてまわりにいるいろんな人の言葉、結果に対するまわりの反応、出会っていく人たちの考え方、当たり前と思われている常識、そうしたものに影響を受けて心はでき上がっていくのです。

■なぜ、すぐに「できない」と思ってしまうのか?

「できない」「無理」「常識」「可能性は低い」。

よくよく考えてみると、これはすべて、あなたが生まれる前から存在した言葉です。「できない」も「無理」も、実際に僕たちが生み出した言葉は一つもありません。ということは、逆に考えてみると、「無理」という言葉を知らない人には、「無理」という言葉が存在しないということになります。

多くの人は、それまでに過去に経験してきた体験の中から未来予測を立てます。それがいちばんわかりやすいからです。

そして、その中で「可能だ」と判断したことは行動を起こしますが、「無理だ」と思うことには、チャレンジすることもしなくなります。

これは、

人は過去の経験をベースにしながら生きている

からです。そして、この失敗のほうを選択するスタイルを続けていくと、当然、明日はいままでの過去の延長線上にありますから、出る結果は過去と同じように、「失敗するに違いない」と思うようになります。それで多くの人はチャレンジを恐れるのです。

■うまくいく人とうまくいかない人のたった一つの違い

では、成功者は、最初からすべてがうまくいっていたのでしょうか？

それは違います。成功者は、それだけ行動を起こしています。行動したことが多いぶん、当然、普通の人より失敗の体験は多いはずです。それにもかかわらず、なぜ、めげずにチャレンジという行動を起こしていけるのか、普通の人から見ると理解ができません。

「あの人は不屈の精神の持ち主だ」

「人と違った特別な精神力の持ち主なんだ」

「あきらめない心が成功をつくるんだ」

よくいわれる言葉ですが、ある意味、これも人がつくった思い込みの一つです。

僕は仕事を通してたくさんの成功者を見てきましたが、うまくいく人はダメだと思ったら、普通の人の何倍もの速度で「やーめた」と手放《てばな》したりすることが多いものです。うまくいく人も、そうでない人も、心の構造は一緒です。では何が違うのでしょうか？

結論を言います。本当の違いは、

どちらの体験を頭の中で選んでリピートしてきたか

なのです。

うまくいく人は、常に過去の成功体験を思い出すことによって、成功したときの感情をリピートしていきます。たとえば青春の日々、大好きな人との素敵な時間、人からほめられて輝いた瞬間など。

その一方で「できない人」は、常に過去の失敗体験の記憶を思い出して、失敗したときの感情をリピートしていきます。たとえばつらかったこと、恥ずかしかったこと、人から言われて傷ついたことなど。

これは意外と知られていないことですが、頭の中には時間の概念がありません。繰り返し思い出すことは、まるで現実に起きていることのように錯覚《さっかく》します。そして、これを何度も何度も繰り返し、その感情が記憶として強化されていくのです。

つまり、うまくいく人、いかない人の唯一の違いは、「どちらの経験を頭の中で拾って強化しているか」だけなのです。

■あなたはどちらの思い込みを選びますか？

転んでも立ち上がって泣かなかったことをほめられる人もいれば、転んだこと自体を怒《おこ》られる人もいます。

何をするにも僕たちは人間関係の中で生きていますから、どちらの経験もまわりからの反応が必ずついてきます。ほめられれば、ほめられた記憶が残りますし、否定されると否定された記憶が刻《きざ》まれます。一言でいうなら、

あなたの心の中の判断は、ほとんどがまわりの人の影響がつくり出したもの

だということです。

つまり「できる」も「できない」も「どうせ無理」も、あなたのまわりがあなたに植えつけた思い込みなのです。

「なんてこった！　まわりのせいだったのか。ちくしょう」

とあなたは腹を立てるかもしれません。しかし全責任がそうではありません。あなた自身がコントロールできることも、たった一つだけあります。

それは、

どの言葉を選んで自分の記憶に書き込んでいくのか

ということです。

「あなたはすごいね」

「あなたは何をやってもダメだね」

どちらの言葉をセレクトしてきたでしょうか？　このセレクトの積み重ねがつくったものが、いまのあなたの心なのです。ということは、

できる人は「できる」と言われた、その言葉を選んで素直に信じただけ、
できない人は「できない」と言われた、その言葉を選んで素直に信じただけ、

ということなのです。つまり、まわりの人があなたにかける、どの言葉を選んで心のノートに書き込んでいくかによって、人生は大きく違ったものになっていくのです。

■ 心の壁が壊れると、人は常識を平気で超えていく

20世紀後半まで、１００メートル走の世界では「10秒の壁」といわれ、人類が９秒台で走るのは無理と思われていました。しかしカール・ルイスが10秒の壁を破る記録を打ち出したとたん、９秒台で走る選手が続々と出てきたのです。

その理由は、ランナーが９秒台で走ることは可能だと知ったからです。「10秒の壁」、それは選手たちの中にあった「心の壁」だったのです。

ここまで大きな話ではありませんが、僕は、身近でこの体験をしました。

僕が経営する福岡市の大名陽なた家で、5年前、店長をしていた青木一弘《かずひろ》という33歳のスタッフ（現在は専務）がいます。彼は店長職の他に、僕の講演の事務局をしてくれていました。ある日、本の企画を出版社さんからいただき、その打ち合わせが終わった後、同席した一弘が僕にこんなことを言ってきました。

「こんどの本、僕たちにつくらせてもらえませんか？」

その本はすでに出版された本の図解版だったので、もう原稿はあったのですが、図解版はイラストが必要で、かなり手間がかかります。これまで、とくに本のつくり方を教えてきたというわけでもありません。内心では「本当にできるのかな？」という不安はありましたが、一弘のやる気があまりにも伝わってきたので、「いいよ。いろいろ勉強になるかもしれないから。俺がフォローするよ」とついオッケーしてしまいました。

そうは言ったものの、僕自身も講演の仕事や店の経営、他の本の執筆やらで忙しく、フォローとは名ばかりで、結局は任《まか》せっきりになってしまいました。

それから数週間、一弘は福岡の店の近くにある僕たちのオフィスで、タカトシという陽なた家のアルバイトスタッフと、営業後に朝まで本をつくっていました。そして出版も間近になってきた頃、その図解版の原稿の確認作業の日がやってきました。表紙のデザインも、中身のレイアウトも、付録でつける音声のCDも全部でき上がっていました。

「へー早いね。もうここまでできたんだ。今回の業者さん早かったな。デザイナーさんはどこの人なの？」

と聞くと、

「あ、これ僕とタカトシと二人でやりました」

という答えが返ってきました。

僕はもともと出版社の出身です。ですから本が生まれる工程というのはよく知っています。全部を自社でやってしまう場合もまれにはありますが、ほとんどが、装幀はデザイナー、本文の構成や進行は編集者、そして校正者、印刷所、そして音声の編集などの作業は、すべて専門の業者にお任せします。それを二人で、しかも飲食店の仕事をしながら全部やってしまったのです。

■日本初？　本を生み出す居酒屋軍団誕生！

「おまえらここまでやっちゃったの？」というと、「え、普通はどうやってるんですか？」と一弘は逆に、僕に聞いてきました。

彼らは、普通はこうした工程を分担して作業することを知らなかったため、「ここまでやるものなんだ」と思い込んで、すべてを完成させてしまったのでした。そして、そこから彼らの「できるかもゲーム」が始まりました。

「映像できるかも。うん、つくろう。ってことで大介よろしく」

「撮影も自分たちでできるかも。やろう」

「じゃあ歌はユウサミイで♪　サミイ速攻で歌つくってレコーディングスタジオ、もう押さえちゃったから」

「レイアウトを組み立てるソフトを見つけたから、本文もつくっちゃおう」

「九州全県と中国地方の大手書店さんに営業に行ってきます」


できることを一生懸命取り組んでいくうちに、彼らのできることがどんどん増え、自社だけでなく、他の著者さんの監修が始まったり、本を出版する人のコンサルティングが始まったり、出版社さんからの制作依頼が来るようになったり、講演会のロケ班をつくってカメラを何台もまわして走りまくったり、後に紹介する「飛べない鳥の物語」のデザインや映像から主人公のキャラクターづくり、シール、携帯ストラップ、そしてなんとぬいぐるみの販売まで手がけることになってしまいました。

こんな感じで飲食店だった僕の会社に、なぜか出版のスタジオができ上がりました。本を生み出す居酒屋チームが誕生したのです。

もし彼らが「飲食店だから本の企画なんてできない」と思い込んでいたら、たぶん、この事業は生まれなかったと思います。そしてもし彼らが、昔の僕のように本の制作の一般的な工程を知っていたら、間違いなく編集、表紙から中身のデザイン、映像制作まですべてやってしまおうなんて考えもしなかったでしょう。彼らの姿を通して、出版にたずさわってきた僕の中で、「そりゃ無理だろ」と思い込んでいた常識はガラガラと音を立てて崩れていきました。

彼らの頭の中に「飲食店」という枠《わく》がなかったこと、そして常識的な本のつくり方を何も知らなかったために、ここまで仕上げてしまったのです。

その業界の常識的なことを知らないということは、言い換えれば限界も知らないということになります。「できる」と気がつくと、人間は当たり前のように、それができるようになってしまうのだということをあらためて思い知らされました。

頭の中の常識が変われば結果が変わります。

そして思い込みを変えれば人生が変わります。

「できない」や「無理」という常識は、どんどん書き換えていくことができるのです。

■結果の違いは単なる「思い込みの違い」だった！

最近、おかげさまで講演やセミナーを通して全国各地のいろんな人と出会う機会に恵まれるようになりました。そして、たくさんの方が県外から中津、そして福岡の僕のお店にわざわざ足を運んでくださっています。店にいるときは、できるかぎりあいさつをさせていただくことにしているのですが、そこから話がはずんで、いろんな相談をいただく機会も増えてきました。

僕自身は、専門がビジネス論なので、もっぱら仕事の話が中心となりますが、女性の方は深く話していくと、行き着く悩みの多くが恋愛の話になります。そこでも、思い込みの差がもたらす結果の違いを発見しました。

晩婚化が進み、未婚率も年々高くなっています。婚活に精を出す人も少なくありません。

僕がいま拠点にしている福岡市は、「美人の町」としても全国的に有名です。ところが、この福岡市は、なんと未婚率が全国ナンバーワンという不思議なデータが出ているとのことでした。実際に3年前、中津から福岡に出てきたとき、独身の美男美女の多さに驚いたことを覚えています。

「あなたに、なんでパートナーがいないの？」

と、首を傾《かし》げたくなるような、外見のいい人がたくさんいます。

逆に見かけはごく普通ですが、

「あなたは、どうしてそんなにモテるんですか？」

と聞きたくなるくらい、パートナーが期間ごとにクルクル変わるうらやましい人もいます。

前者のタイプの中から数人の人に、「どうしてパートナーをつくろうとしないのか？」をリサーチしてみました。すると共通して、こんな答えが返ってきました。

「いい出会いがないから」
「昔傷つけられたことがあって、トラウマを引きずってる」
「だって、まわりがかわいい子だらけだから」
「私なんかどうせ相手にしてもらえないだろうし」

要は自信がないのです。
そして必ずと言っていいほど、とどめに、この言葉が返ってきます。

「私って男運がないんです」

過去の失敗体験を拾いすぎて、この言葉が口グセになってしまっているのです。これに対して、後者のタイプの子に質問をしてみました。

「なんで、あなたはそんなにモテるんだと思う？　参考にしたいから理由を教えてよ」

最初はなかなか答えてもらえませんでしたが、お酒がゆっくり進むにつれて、本音を言ってくれるようになりました。

「本当に本音で言っていいの？　生意気と思わない？」

「うん。絶対に思わない。参考にしたいから」

「あのさ、だって私、かわいいでしょ。つき合った人がいつも『つき合ってきた中でおまえがいちばんかわいい』って言ってくれるんだ。だからだと思う」

「……なるほど。ありがとう」

二人はセルフイメージが違ったのです。

なかなかいいパートナーに恵まれない人と、いつも相手に困らない人の差は、一口で言うと「自分はモテない」と思っているか、「自分はかわいいから相手に困るはずがない」と思っているかという「思い込みの違い」だったというわけです。

もちろん、他にも理由はあるかもしれませんが、思い込みが生み出す自信というのは、その人を取り巻く空気、振る舞いを大きく変えていくことだけは確かです。

■人生を左右する二つの勘違い

目標を立てたとしても、未来のことは現時点では予測で動くしかありません。結果は出てみるまでわからないのですから。

ということは、素敵な未来を思うということは「できるかも」という、ある意味気のせいから始まるということになります。

このうまくいく人がもっている最強の思い込みのことを、

「素敵な勘違い」

といいます。この素敵な勘違いがうまくいくタネを容易に見つけ出し、いい結果を出すのです。そして、それがその人の思い込みになり、習慣化されるためにうまくいくようになります。

これに対してうまくいかない人は、「うまくいかないかも」という気のせいを前提で動いています。

そうすると、何かを始めようとするたびに、「うまくいかない理由」をあちらこちらから情報収集しますから、当然、結果はうまくいかないほうに引っぱられてしまいます。そして、その結果がその人の思い込みとなり、習慣化されます。うまくいかない自分ができ上がってしまうのは、自然の流れといっても過言ではありません。

このうまくいかない人がもっている悲劇的な思い込みのことを、

「不幸な勘違い」

といいます。「自分にはできない」と思い込んでしまうと、どんな前向きな人でも足が止まります。逆に「自分にはできる」と思い込むと、どんな後ろ向きに生きている人であっても、ワクワクして行動を起こすようになるのです。

まとめると、うまくいく人とうまくいかない人の違いは、

素敵な勘違いをしているのか、不幸な勘違いをしているのか、

ただその一点だけなのです。

「じゃあ、どうすれば素敵な勘違いを起こせるのか？」

これを解明していくために、まずは人の心のしくみを理解するところから始めたいと思います。

第2章

心のしくみを理解する

■これさえ知れば人生の悩みの9割は解決する！

「心の壁があることは理解したけど、壊し方がわからないから困ってしまう。どうすればこんな自分からサヨナラできるのか？」

この解決法を伝える前に、どうしても覚えておいてほしいことがあります。まず声に出して次の文章を読んでみてください。

「人は誰もが潜在意識の中で、『自分はこんな人間だ』という思い込みをもっている。これを『セルフイメージ』という。そして、そのセルフイメージが生み出す『コンフォートゾーン』の中にいることで、違和感なく生きている。

何かの拍子でこのコンフォートゾーンから飛び出そうとすると、『キープ機能』の働きに

より、すぐに元のセルフイメージ通りの自分に戻ってしまう。

また、コンフォートゾーンの外は『RAS《ラス》』がかかってしまうため、できる方法が見つからなくなり、結果として失敗してしまう。その失敗体験の繰り返しによって生まれるストッパーのことを『心の壁』という」

「?・?・?　一体どうしたの？　芸風、変えたの？」

いままでの本を読んでくださった人の頭の中では、最低3つくらいのクエスチョンが並んで、本を閉じようとされたかもしれません。

でも、それはちょっと待ってください。本章を読み終える頃には、しっかりこの意味が理解できるようになりますのでご安心ください。

ここであなたにお願いがあります。

この章だけは読み飛ばさずに、しっかりと集中して、自分の経験と照らし合わせながら読んでください。

ここからお伝えすることは、あなたの人間関係がはるかに円滑《えんかつ》になる、超強力、かつ画期的なセオリーです。

これを理解してもらえると、いままでの何倍も人生が楽になります。実際にこれを理解したことによって、僕のまわりにたくさんの成功者が生まれました。

具体的にこの章を理解することで、どんなメリットがあるのかを書いておきます。

①おもしろいくらい心のしくみが見えてくる
②自分に自信がつく
③いままでの悩みが格段に減る
④あなたの人を見る目は10倍は上がる
⑤人を許せるようになる

⑥人間関係に強くなる
⑦人の言葉でぶれなくなる
⑧チャンスに強くなる

他にもたくさんありますが、ここらへんにしておきます。ということで、この章だけはあなた自身のこれからの人生のためにも、全力でわかりやすく書きますので、いつも以上に集中して読んでください。この章が終わったら、いつもの永松茂久調に戻ります。

こうして書いてみると、えらく難しいことのように見えますが、じつはカラクリは、あなたの想像の10倍は簡単なことです。「あ、そんなことだったたんだ。いろんな謎が解《と》けちゃった♪」となります。

さあ準備はいいでしょうか？　では始めましょう。

■「三日坊主」の経験はありますか？

「継続は力なり」

あなたは、この言葉を聞いて、どんな印象を受けるでしょうか？

「その通りだ」
「そんなことはわかってるよ」
「たしかにその通りだけど、できないから困ってんだよ」

いろんな思いが頭をよぎると思います。ちなみに僕は、この3つの言葉でいうと、いちばん最後の言葉が思い浮かぶタイプです。

「今年こそは日記をつけるぞ！」と力《りき》んで買った日記帳が、1月の中旬くらいから空白が目立つようになり、2月は3日だけ飛び飛び。3月は1日だけ。あとは白紙。

「ダイエットをしよう！」と決めて、3日目の夜に友達から誘われてラーメンを食べてしまう。なんとか痩《や》せたはいいものの、反動で食べすぎてリバウンド。

「禁煙！」と決めて1週間我慢したが、飲み会で1本、友達からもらったら見事復活。

「よし、今日から僕はプラストークしか使わない！」。セミナーや本などで、モチベーションが最高潮に上がったはいいものの、気がついたら、まわりの仲間と一緒に飲んで愚痴を吐《は》いて、帰り道で、「俺ってやっぱり、何を決めても続かないダメなやつだな」と落ち込む。

こんな経験はないでしょうか？

「あ、ある」とちょっとへこんだ人にお伝えします。

それが当たり前なのです。あなたは正常です。

■頭の中の二つのゾーン

人の行動を司《つかさど》る場所である脳。

聞いたことがあるかもしれませんが、脳はふつうの人で3％しか使っていないそうです。

アインシュタイン級の天才で、やっと5％ということでした。

この意識的に使う3％を、

「顕在《けんざい》意識」

そして無意識の領域の97%を、

「潜在《せんざい》意識」

といいます。

顕在意識は、自分の日常の訓練でコントロール可能な性質をもっています。

これに対して97%の潜在意識には、コントロールがききにくく、人間でいうところの善悪の判断はありません。

いくら顕在意識が「変わろう」と思ったとしても、潜在意識は「いつも通りの自分」であろうとします。

つまり、

潜在意識はどんな状況であれ、現状を維持しようとする性質をもっている

のです。

ちなみに人間の習慣や無意識のクセ、行動パターンは、潜在意識のゾーンに位置しています。

潜在意識はいわば、すべての言葉や映像、そして感情のパターンをストックする倉庫のようなものなのです。

顕在意識が変わろうとしても、
潜在意識は「いつも通りの自分」でいようとする。

脳には
2つの意識がある

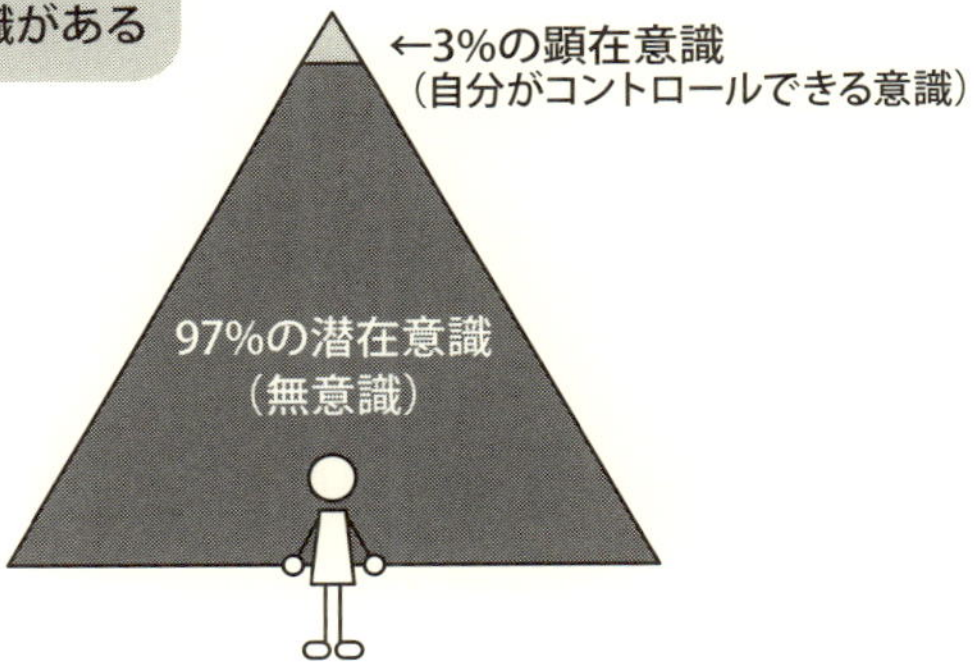

潜在意識の主な特徴

- 24時間不眠不休
- 思ったことをその通りに実現化しようとする
- 善悪・良い悪いの区別ができない
- 時間の概念がない
- イメージと現実の区別ができない
- 生まれてからの全てのことを覚えている
- 感情がある記憶に強く反応する
- 何度も繰り返されたものに反応する

棒先生

■あなたを「現状のまま」でいつづけさせるもの

あなたの平均体温は何度でしょうか？　人によってさまざまですが、たとえば36度だとしましょう。ではここで質問です。

あなたがいまから、「どこでもドア」を使って南極に行ったとします。このとき、あなたの体温は何度でしょうか？

まさか32度になるわけではないですよね（裸のままで、ずっとその場所にいたら話は別）。

答えは36度です。

なぜでしょうか？　人のからだは皮膚の毛細血管を収縮させることによって体内の熱を逃がさないようにして、体温を一定に保とうとするからです。ではまた、「どこでもドア」で赤道直下の国に移動したとします。そのときの体温は？

当然同じく、36度のまま。

この理由は、細胞が開いて汗をかいて熱を逃がして、体温を一定に保とうとするからです。南極に行ったら32度になって、赤道直下の国に行ったら40度になっていたら、人間はとうてい生きていくことはできません。こう考えると、人間のからだはどんな環境にも順応するよう便利にできているのです。

このように、常にいまの状態を一定でいさせるようにする機能を人間はもっています。このサーモスタットのような役割を、「ホメオスタシス（恒常性維持機能）」といいます。

しかし、本書では覚えやすくするために、

「キープ機能」

と呼ぶことにします。キープ機能は、常に人間を一定の状態に保とうとします。このキープ機能を司っているのも脳。しかも潜在意識なのです。そう考えると、人間をここまで環境に順応させて生かしてくれたのは、潜在意識の働きということになります。感謝しなくてはいけない、ありがたい存在なのです。

しかし人間でもそうですが、ありがたい存在は、時としてありがた迷惑になることも多々あります。この潜在意識が司るキープ機能が、一生懸命もとの自分に戻そうとしてくれるおかげで、人間はなかなか変われないというデメリットが生まれるのです。

■わかっちゃいるのにやめられない理由

潜在意識とキープ機能の関係を知ってもらうのにいちばんわかりやすいのが、おそらくたくさんの人が経験する、ダイエットのあとに起こるせつないリバウンドです。何度も挫《ざ》折《せつ》して、「私って意志が弱いなー」と落ち込んでいる人のために、くわしく書かせてもらいましょう。

たとえば、あなたは「10キロ痩せるぞ！」と誓ってダイエットを始めました。がんばって朝昼の食事を抜きにすることにしました。しかし潜在意識の中では、いまの自分の体重が当たり前です。ここで顕在意識と潜在意識が食い違います。

頭では「痩せたい」と思っているのに、

「今日はいつもみたいに食べてないよ。はい。そのぶん夜は取り返そうね」

と潜在意識が指示を出すので、つい食べすぎてしまうのです。

「また食べちゃった。痩せたいのに…」と、あなたは力いっぱい後悔します。しかし潜在意識の中では、「よかったね。いつも通りにこれで戻れるね」と言っています。

翌日、「今日こそは！」と誓いを立てて、昨日の分を取り戻そうと、夜までさらに我慢しました。我慢は成功しました。しかし、夜中にお父さんがおみやげにもって帰ってくれたケーキの誘惑に負けて食べてしまいました。あなたは自分の心の中で、こう言います。

「なんでまた食べちゃったんだろう？　意味がわからない」

これはキープ機能が元に戻そうとしているのです。いつもの状態から変わろうとしたとき、顕在意識と潜在意識の間に「変わりたい自分」と「いつも通りの自分」にズレが生まれます。

この二つの割合は顕在意識が3％に対して、潜在意識が97％。変わりたいチーム3人と変わりたくないチーム97人が闘うようなものです。

結果は想像通り、変わりたいチームがボコボコにやられます。これが急激なチャレンジのあとにやってくる、せつないリバウンドのしくみなのです。

潜在意識は、いろんなかたちで、いまの状態をキープします。豊かな人はさらに豊かになります。潜在意識の中で「自分は豊かだ」と思い込んでいるからです。これに対して貧しい人はさらに貧しくなります。「自分は貧しい」と思い込んでいるからです。

貧乏に慣れていると、たとえお金を手に入れたとしても、パーッとおごったりして、すぐに使い果たしてしまいます。お金持ちは一文無しになってもまた、お金持ちに戻ります。心も同じ。幸せになろうとしても、「ふさわしい自分」に戻ろうとするのです。不幸に慣れている女性が、また以前と同じようにまわりが首を傾げるようなおかしな相手を選ぶのも、同じからくりが働いているからです。

これが「わかっちゃいるのにやめられない」原因なのです。

常に人間を一定の状態に保とうとする
働きのことを「キープ機能」という。
キープ機能は潜在意識がコントロールしている。

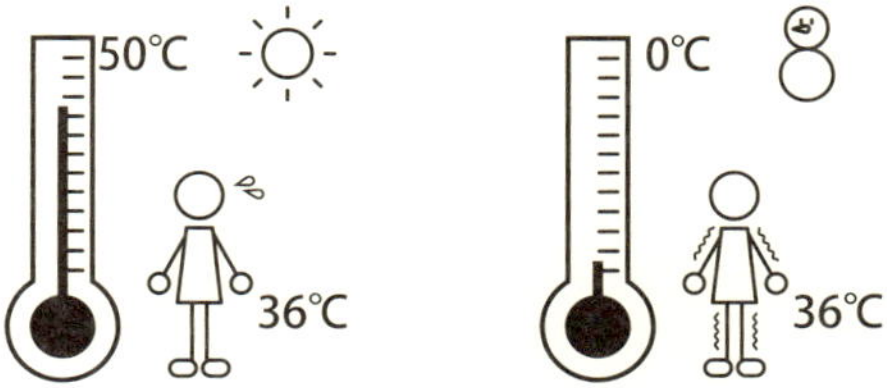

体温を一定に保つのもキープ機能。

キープ機能の例

- ダイエットしようと決めたのに食べちゃう
- 禁煙しようと決めたのに続かない
- 正月に目標を立てたのに、気づいたら年末
- 毎日読書をしようと決めたのに続かない

■「汝、自己を知れ」

あなたは学生の頃、テストで平均何点くらい取っていたでしょうか？

「うーん50点くらいかな」
「私は常に80点以上」
「100点以外はありえない」
「なにかの間違いで90点を取ったら、お母さんが赤飯をたいてくれた」

自分が安心できる点数は、「最低何点以上で何点以下くらいのあいだ」というふうに答えていただけるとなおよしです。答えは何点でもいいので自由に答えてください。

もう一つの質問。あなたのここ3年間の平均年収は、どれくらいでしょうか？　最低いくら以上、いくら以下ならオッケーでしょうか？

続けてもう一つ。あなたの1回に使うランチの平均金額は？　最低何円以上、何円以下くらいのランチが多いでしょうか？

自分自身を客観的に見る機会はあまりありませんが、この三つの質問の答えを頭の中で考えてみると、不思議と自分というものが見えてきたのではないでしょうか。たとえば、こんなふうに答えた人がいます。

「自分は学生の頃、テストではだいたい多かったのが70点くらい。いいときで80点くらいで、悪いときは60点を切ることもあった」

「いまの平均年収は３５０万円で、希望は４００万円くらいかな。この不況で３００万円まで下がったら転職決定だね」

「ランチは奮発して１５００円まで。最低でも、いつも行きつけの食堂の６８０円の定食は食べたいな。だいたい１０００円前後が僕のお昼」

あなたの答えのすべてが、いまのあなたらしい当然の姿です。これを、

「セルフイメージ」

といいます。

■ あなたの人生のすべてを決めているもの

セルフイメージとは、くわしくつきつめると、あなた自身が誰であるか？　何者であるか？　という考えやイメージです。

僕たちは心の中に自分自身の設計図、あるいはイメージをもっています。それは意識して見ようとしても、あいまいではっきりしないものかもしれません。なぜなら、意識的に

認識できるものではないからです。

自分自身についての思い込みのほとんどは、子ども時代につくられているといわれています。そのときの経験、成功や失敗、うれしかったことやくやしかったこと、実績、他人や友達が自分に見せた反応など、僕たちはこれらの経験をもとにして、自分自身のイメージを心の中で構築します。

自分自身の考えや信条が、このセルフイメージとなり潜在意識に入っていけば、それは「真実」になります。そして誰もが「真実」に疑問をもたず、そのセルフイメージ通りに行動します。つまり、あなたの心の中にある、「自分はこういう人間である」と思っているあなた自身の思い込みが、あなたの人生における運命を決めるのです。セルフイメージは、それほどの威力《いりょく》があり、影響力をもつのです。

「自分は失敗しやすい人間だ」と自分を位置づけている人は、成功しやすいチャンスが投げ込まれたとしても、失敗する方向に向かっていきます。たとえ、自分の意識では努力したとしてもです。

自分自身を不当な扱いの犠牲《ぎせい》になるものだと位置づけているような人、つまり被害を受ける運命にあった人は決まって、自分の考えを身をもって実証する状況に陥《おちい》ってしまいます。こう考えると、セルフイメージは、僕たちの全人格や行動、ふるまい、そして環境さえもが構築される「根拠」であり、基盤だといえるのです。

成功する人は、自分が成功することを当たり前と思っています。そして人は、この頭の中の当たり前と思うことだけを、当たり前のように実現しているのです。

「結果の差は、セルフイメージの差」と呼び変えてもいいくらい、結果に対して大きな影響力をもっているのです。潜在意識の中ではいい悪いではなく、セルフイメージ通りの生き方をしていることがコンフォートゾーンになるのです。ここでセルフイメージの一般的なものを挙げておきます。

「私はこういう人間だ」と思えるものを書き出してみると、あなた自身のセルフイメージが見えてくるのでやってみてください。

「自分はこういう人間である」という自分自身の思い込みのことを「セルフイメージ」という。

セルフイメージは「私はこういう人間だ」という考えを書き出すと見えてくる

「私は人見知りだ」
「私はあがり性だ」
「私は本番に強い」
「私は友達が多い」
「私は金持ちだ」
「私はきれい」
「私はかっこいい」
「私は人にやさしい」
「私は友達が少ない」
「私は歌がうまい」
「私は努力家だ」
「私は時間に遅れる」
「私はへこみやすい」
「私は頼まれたら断れない」

セルフイメージを書き出してみよう

・
・
・
・
・

■慣れない場所に立たされたとき

人はほとんど、いやすべての人が、セルフイメージが生み出す空間の中で生活していると思って間違いはありません。そして、このセルフイメージ通りの自分自身でいることで安心感を得ています。このエリア、つまり、いつも通りの慣れ親しんだ心の快適空間のことを、

「コンフォートゾーン」

といいます。

すべての人が、このコンフォートゾーンの中で生きていければ、それに越したことはありませんが、人は社会にいるいろんな人たちの人間関係の中で生きていく生き物ですから、自分の都合だけで生きていけるわけではありません。なにかの拍子で、このコンフォート

ゾーンからはずされることがあります。もっと言えば、コンフォートゾーンの外に置かれることのほうが多いかもしれません。

たとえば、ごく普通のサラリーマンが、突然各界の著名人のパーティーに、社長の代わりに参加しなければいけなくなったとしましょう。そのとき彼が、どういう心理状態になるかは容易に想像がつくでしょう。おそらく、心の中でこんな言葉が飛び交《か》っているはずです。

「自分は、こんな場所にいる人間じゃない！」

ほかにもたくさん、こういう例は考えることができます。

突然頼まれた結婚式のスピーチ。
転勤による住み慣れた環境との別れ。
つき合っていた相手と別れが決まり、突然連絡がとれなくなった日。
携帯電話を紛失してしまったときの、やりようのない喪失感、不安。

自分が「当たり前」と思っていた姿、つまりセルフイメージがつくり出していたコンフォートゾーンの外側に立たされたとき、人は意識的にではなく、無意識的に元の世界に戻ろうとします。たとえ戻れない状況であったとしても、心の中で、「早くこの状況から抜け出せますように」と祈るはずです。

たとえば、いつもテストで90点を取っている人が、なにかの拍子で50点を取ったとします。しかし、これは、その人のコンフォートゾーンから大きくはずれる点数です。

すると、「これはなにかの間違いだ！」と、潜在意識が緊急信号を鳴らし、次では必ず元の点数に戻します。

逆にいつも50点の人が、なにかの拍子に１００点を取ってしまい、みんなの前でほめられたとします。とてもうれしいことなのですが、この状況もまたコンフォートゾーンの外側に立たされ、違和感でいっぱいになります。すると、ここでまた潜在意識の働きによって、次のテストで悲惨な数字を取り、「やっぱり、あれはまぐれだった」と、元のコンフォートゾーンに戻していくのです。

セルフイメージどおりの慣れ親しんだ
心の快適空間を「コンフォートゾーン」と呼ぶ。

コンフォートゾーンの中にいるとき
自分のパフォーマンスを発揮することができる。
コンフォートゾーンの外側に出ると
「いつもの自分と違う!!」という感覚になり
コンフォートゾーンに戻ろうとする。

コンフォートゾーンから外に出た例

- スポーツの「ホーム」と「アウェイ」
- むりやり連れていかれたパーティー
- とつぜん頼まれたスピーチ
- 新しい職場環境での仕事
- 初めての場所に行ったとき
- ホームシック

■心のからくり

いったん本を置いて、半径3メートル以内にある赤いものを探してみてください。必ずあるはずです。では次。青いものを探してみてください。これもあると思います。

いま僕は、あなたに指定した色を探すようにお願いしました。あなたは承諾して探してみてくれたはず。このとき、あなたの頭の中では、「赤を探さなきゃ」「え、こんどは青？」と思いながら探したでしょう。つまり、あなたにとって、その色のものを探すことが必要とされたのです。

ではここで質問。

赤いものを見つけたときに、同時に青は目に入ったでしょうか？　おそらく見えていな

いですよね。では青のときは？　当然、赤は目に入りません。ということは、

人間の脳は、同時に二つのものは見えないようにできている

ということ、そしてもう一つ、

必要に迫られたとき、もしくは自分がそれを見つけたいと思ったとき、人間は無意識にその情報を集めようとする

ということなのです。これは目だけではなく、耳でも同じことがいえます。

一つのことを求めたとき、他のことは目や耳に入らなくなります。いろんな情報が全部入ってくると脳はショートを起こしてしまうので、一つに絞り込んで情報を取り入れるようにするためです。

一カ所を見たときに、他のものにはブラインドがかかると思ってください。この不必要な情報を遮断《しゃだん》する脳の機能を、

「RAS《ラス》」

といいます。

■とある新婚さんの話

結婚して子どもが生まれたばかりの夫婦がいます。

パパは子どものために、気合いを入れて働いています。

ママは生まれたばかりの子どものことで頭がいっぱい。自分がお腹を痛めた子どもなのだから、それは当然です。

結婚前までは「あなたがいないと生きていけないわ」と言っていたママの興味が、「あれは嘘だったの？」と聞きたくなるくらい、一気に子どもに向くことになります。

ある日、パパが家に帰ると、いつものようにママはダブルベッドで、そして、その隣《となり》で子どもがベビーベッドで寝ています。ベビーベッドの上では、子どもをあやすカラカラが優しい音を立ててまわっています。想像しただけでも幸せな光景です。

パパがママと仲良くしようと起こそうとしても、「死んだのでは？」と不安になってしまうくらいママは微動だにしません。初めてのママ業で、当然疲れています。しかし、ここで衝撃的な事件が起きました。パパがあきらめて寝ようとしたとき、子どもが小さな声で「ふぇ」と蚊の鳴くような声を出しました。すると、さっきまでビクともしなかったママが飛び起きたのです。

この差は何でしょうか？

答えは簡単。

ママの必要なこと、興味は、子どものことに集中しているからです。

人は興味のない情報は入ってこないようにできています。必要のないことは見えない、聞こえない、存在しないことと同じなのです。

・ベンツが欲しいなと思うと、街にベンツが増える。
・ロレックスが欲しくなったとたん、ロレックスをした人が目に入るようになる。
・彼氏ができて美しくなりたいと思った瞬間、美容情報が目に入るようになる。
・ハッピーな人は、どんな荒野《こうや》でも、一輪の花を見つけ出す。
・不幸に慣れている人は、広大なお花畑の中で犬のフンを見つけ出す。

こう考えると、目に入るということは無意識で求めているということになります。すべては、その人の求めるものを見つけ出すようにできているのです。

心の中で「本当に成功したい」と思った瞬間、そしてそれを必要とした瞬間に、「できる理由」にかかっていた「RASのシャッター」がガラガラと開きます。心の底から成功を願っているか、そうでないかで、見える景色は違います。同じ状況にいても、すべての人が同じものを見るわけではないのです。

「RAS」により潜在意識が重要だと思うこと、
必要だと思うことだけが見えている。
それ以外の部分はブラインドがかかり盲点になる。

あなたにとって重要なものだけが見えている

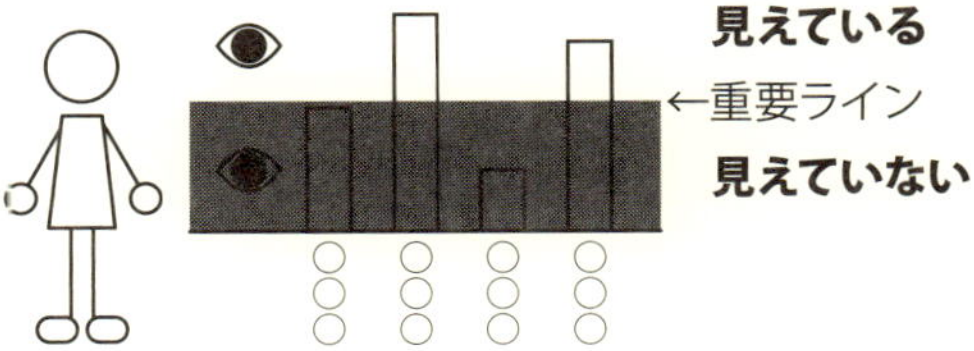

「RAS」の例

- 妊娠したら街に妊婦が増える
- 外車が欲しいと思ったら街に外車が走り出す
- 旅行に行こうと思うと旅行情報が耳に入る
- 夏が近づくとダイエット情報が目につく
- 本屋に行くと自分の悩みの本が見つかる

棒先生

■あなたを無敵にする6つの機能

いままで説明したことをまとめると、

「顕在意識」
「潜在意識」
「キープ機能」
「セルフイメージ」
「コンフォートゾーン」
「RAS」

この6つの機能が「いまのあなたの現状を生み出しているもの」ということになります。
「変わりたい」と思っても、うまくいかない人の潜在意識では、「うまくいかないのが普通」なのです。そしてキープ機能が現状を一定にしようと働き、RASがうまくいかせるための情報をシャットダウンしてしまいます。そのため、たとえチャンスが目の前に来たとしても、その部分にブラインドがかかって見えなくしてしまうのです。

これに対して、うまくいっている人というのは、高いセルフイメージをもって、その位置で固定しつづけています。ですから、たとえ失敗したとしても、「これは本来の自分じゃない」と潜在意識が判断して、キープ機能が発動し、セルフイメージ通りの成功している自分に無意識に戻そうとするのです。

これが他の人から見ると、半端《はんぱ》ない努力や行動力というふうに映《うつ》るわけですが、当の本人は、たいしたことをしているつもりはまったくありません。

ここまではご理解いただけましたでしょうか？

ではここからは、「どうすれば『できない』が『できる』に変わるのか？」という具体的な方法に入っていきましょう。

棒先生のまとめ

脳には「顕在意識」と「潜在意識」がある。
顕在意識が変わろうとしても、
潜在意識は「いつも通りの自分」でいようとする。

常に人間を一定の状態に保とうとする
働きのことを「キープ機能」という。
キープ機能は潜在意識がコントロールしている。

「自分はこういう人間である」という自分自身の
思い込みのことを「セルフイメージ」という。

セルフイメージ通りの慣れ親しんだ
心の快適空間を「コンフォートゾーン」と呼ぶ。
人はコンフォートゾーンの中にいようとする。

「RAS」により潜在意識が重要だと思うこと、
必要だと思うことだけが見えている。
それ以外の部分はブラインドがかかり盲点になる。

第3章

飛べない鳥の物語

あるところに一羽の鳥がいた。名前をピー助といった。

ピー助には、幼い頃についた心の傷があった。

それはまだ、とてもとても幼い頃のこと。空高く飛んでいる先輩鳥を見て、ピー助はお母さん鳥にこう聞いた。

「ママ、僕もあんなふうに空を飛びたい。あそこの高台に行ってもいい？」

するとお母さん鳥は、こう答えた。

「無理よ。飛べるわけないじゃない！　そんなこと考えたらダメよ」

お母さんは、「絶対に無理」と言ったわけではなかった。羽の小さい息子には、まだ早いという意味で、そう言ったのだ。

しかしピー助は、お母さんの言いつけを守らず、とても高い場所に行って、崖《がけ》から下をのぞいた。

先輩鳥の見よう見まねで、小さな羽を全力でパタパタふって、思いっきりジャンプした。

そのまま、空高く飛んでいけるはずだった。


ところが結果は、ピー助が思っているようにはならなかった。


崖から飛んだピー助は、そのまま真っ逆《さか》さまに落ちて、ケガをしてしまった。

ピー助の心の中には、

「やっぱり無理なんだ」

「僕はダメなんだ」

「飛べるはずがない」


という思いが、消えない言葉になって残った。

それからというもの、お母さんはピー助に対して、さらに「ダメ」を強めていった。やがてピー助は、「僕は飛べないんだ」と思い込むようになってしまった。

✧✧✧✧✧✧✧✧

それからちょっと時間がたった。

同世代のまわりの鳥は、ちょっとだが、空を飛べるようになっていた。ピー助はいつも一人で、家の窓からその姿を見ていた。飛べる鳥がうらやましかった。

ピー助は、外に出してくれないお母さんが買い物に行っているあいだに、外に出た。すると同世代くらいの鳥たちが、楽しそうに遊んでいた。

「おーい。僕も仲間に入れてよ。僕、ピー助っていうんだ」

勇気を出して言ってみた。すると鳥たちの中の、いちばんガキ大将鳥が、ピー助にこう言った。

「仲間に入りたいなら、おまえも飛んでみろよ」

そのこわい顔にたじろぎながら、

「え、僕、飛べないんだ……」

とピー助が答えると、そこにいた鳥たちはお互い目を合わせて、次に大笑いをした。

「あはは、こいつ、この歳《とし》になっても飛べないんだって」

「だっせー」

「鳥失格じゃね？」

「あんなやつと遊んでやるのやめようよ」

と言ってピー助を仲間に入れてくれなかった。

「やっぱり僕は飛べないんだ。ダメなやつなんだ」

その思いはさらに強くなっていった。

✦✦✦✦✦✦✦✦✦

ピー助は、もうちょっと大きくなった。同世代の鳥たちは、楽しそうに空を飛んでいる。

お母さんは、そんな鳥たちと自分の息子を見比べて、ため息をついた。

「ああ、ご近所の息子さんたちは、あんなに飛べるようになったのに、それに比べてあんたは……」

そんな言葉を毎日聞かされ、ピー助はいよいよ自信をなくして、とうとう誰とも話をしなくなった。

「僕は何をやってもダメなんだ……」

家にいるのもイヤになったピー助は、ある日、一人で近所の公園に出かけてボーッとしていた。すると、同じくらいの歳の鳥がやってきて、ピー助に声をかけてきた。

「ねえ、一人で何やってるの？　一緒に遊ぼうよ」

そのとき、以前いじめられた恐怖が襲ってきて、その場所から逃げようとした。

「どうしたんだよ。僕、なんかイヤなこと言った？　話だけでもしようよ」

とピー助のあとをついてきた。

逃げても、その鳥は追いかけてくる。逃げ疲れて、その場にしゃがみ込んだ。声をかけてきた鳥は黙って、横に座り込んだ。そして、一息ついてから、その鳥はピー助に聞いてきた。

「ねえ、名前はなんて言うの？」

「……ピー助」

「俺はチュンタ。ピー助、友達になろうよ」

「え、俺、無理だよ」

「なんで？　せっかくこうして会えたのに」

チュンタはいままでピー助が出会った鳥とは、ちょっと空気が違った。とても優しかった。少しだけ安心したピー助はいままでのこと、自信がないことを全部話した。

最後まで話を聞いたあと、チュンタは言った。

「ピー助、つらかったな」

「……うん」

「あ、いいこと思いついた。ピー助、ちょっとついておいでよ」

ピー助は気が進まなかったけれど、チュンタについていった。しばらく歩くと、たくさんの鳥が集まっている場所に着いた。

「先生、みんな。こいつピー助っていうんだ。仲間に入れてやってよ」

そこは飛ぶための学校だった。先生が出てきた。ロン先生といった。チュンタは、ロン先生に事情を話した。すると、ロン先生がピー助にこう言った。

「大丈夫だよ。あせらなくていいからね。きみとこうして出会えたことが、先生はとてもうれしいよ。みんなと一緒にいるだけでいいからね。明日から遊びにおいで」

ピー助にとって、それは不思議な言葉だった。心をふわっと、あたたかい何かで包まれたような感じがした。

次の日から、ピー助は学校に行くようになった。でも、先生もまわりの鳥たちも、ピー助に飛ぶことを求めない。ただピー助のことは、とても大切にしてくれた。意地悪な言葉は、誰一人として言わなかった。そしていつも、こんな言葉をかけてくれていた。

「ピー助は必ず飛べるから、あせらなくても大丈夫だよ」

時がたった。ピー助はみんなが空を飛ぶ練習をしている姿をいつもながめていた。いつしかピー助の頭の中に、こんな言葉が思い浮かぶようになっていた。

「空、飛びたいなー」

でも、口には出さなかった。誰もいない放課後、ピー助は一人で羽をパタパタさせるようになった。

ある日、いつものようにピー助が羽をふっていると、足が地面からちょっとだけ浮いた。

「あれ？　ひょっとしたら僕、いま浮いたかも」

すると声がした。

「ピー助、いま飛んだぞ。やったやった」

チュンタだった。いつも遊んでるリーとギンも一緒にいた。彼らはずっとピー助を見ていたのだった。

「ピー助、練習しよう。もうちょっとだよ」

それからピー助は、放課後、チュンタたちと集まって練習するようになった。

でも、いつも小さい頃のイヤな記憶がよみがえって、うまく飛べない。

すると、ロン先生がやってきた。ロン先生はピー助に見本を見せて飛び方を教えてくれた。そしてピー助は、だいぶ飛べるようになった。

「ピー助、おいで。今日は特別授業だ」

✢✢✢✢✢✢✢✢✢

ある日、ロン先生がピー助にこう言った。連れていかれたのは、なんと昔、ピー助が落っこちた崖だった。ピー助は足がガクガク震えた。落ちたときのことを思い出したのだ。

「先生。僕、飛べないよ」

「ピー助、おまえはもう飛べるよ。ほら、飛んでごらん」

「イヤだ、こわいよ」

「羽をふってごらん」

言われた通りに羽をふると、いつものように足が浮いた。

するとロン先生は、ピー助をつかまえて飛びはじめた。

ピー助は怖がって羽をとめようとした。

「そのままふりつづけろ。先生がつかまえてるから」
ピー助は夢中で羽をふりつづけた。先生が支えてくれていると信じて。
すると下から声がした。

「ピー助、目を開けてみろ」

その声は、つかまえてくれていたはずのロン先生だった。

いつのまにか、つかまえてくれているはずの補助はなくなっていた。夢中で羽をふっていて気づかなかった。ロン先生はピー助が落ちないように、下で飛んでいてくれたのだった。

ピー助は生まれて初めて目の前に広がる空の色に心を奪われた。飛んでいる鳥が見ている景色を初めて知った。

「ピー助、やったやった！」

チュンタ、リー、ギンが集まってきた。ピー助は一人で空を飛べる自分に気がついた。そして何度も着地して、また飛んだ。だんだん距離が伸びていった。

ピー助は空を飛べるようになった。

第4章

「できない」が「できる」に変わる3つのルール

Rule ①
【影響を受ける】

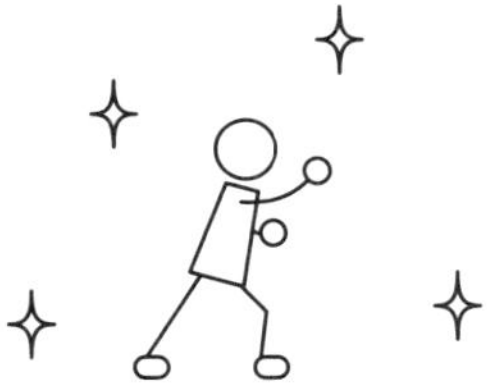

model

郵便はがき

162-0816

恐れ入ります
切手を
お貼りください

東京都新宿区白銀町1番13号

きずな出版 編集部 行

フリガナ

お名前　　　　　　　　　　　　　男性／女性
　　　　　　　　　　　　　　　　未婚／既婚

(〒　　　-　　　)
ご住所

ご職業

年齢　10代　20代　30代　40代　50代　60代　70代～

E-mail

※きずな出版からのお知らせをご希望の方は是非ご記入ください。

愛読者カード

ご購読ありがとうございます。今後の出版企画の参考とさせていただきますので、アンケートにご協力をお願いいたします（きずな出版サイトでも受付中です）。

[1] ご購入いただいた本のタイトル

[2] この本をどこでお知りになりましたか？

1. 書店の店頭　　2. 紹介記事（媒体名：　　　　　　　　　　　　　　　　）
3. 広告（新聞／雑誌／インターネット：媒体名　　　　　　　　　　　　　　）
4. 友人・知人からの勧め　　5.その他（　　　　　　　　　　　　　　　　　）

[3] どちらの書店でお買い求めいただきましたか？

[4] ご購入いただいた動機をお聞かせください。

1. 著者が好きだから　　2. タイトルに惹かれたから
3. 装丁がよかったから　　4. 興味のある内容だから
5. 友人・知人に勧められたから
6. 広告を見て気になったから
（新聞／雑誌／インターネット：媒体名　　　　　　　　　　　　　　　　　）

[5] 最近、読んでおもしろかった本をお聞かせください。

[6] 今後、読んでみたい本の著者やテーマがあればお聞かせください。

[7] 本書をお読みになったご意見、ご感想をお聞かせください。

（お寄せいただいたご感想は、新聞広告や紹介記事等で使わせていただく場合がございます）

ご協力ありがとうございました。

■まず初めに、いちばん大切なこと

「理想の自分に近づきたい」──これは誰もが思うこと。しかし、ここで「無理だな」という心の壁が登場し、始める前からあきらめてしまう、というのが普通の図式です。

イメージしてみてください。

もしあなたの思ったことが何の制限もなく思い通りにかなうとしたら、あなたは何をしますか？

ドラえもんの「もしもボックス」を手に入れた気分で、楽しんで考えてみてください。

注意点ですが、ここでは「～すべきこと」ではなく「～したいこと」を考えてみてください。しがらみや世間一般の義務的なことではなく、あくまであなたの理想をわがままに。

当然ですが、法律の許す範囲内で、よろしくお願いします。

これは僕がスタッフたちといつも一緒にやっているワークなのですが、最初はイメージするだけでも「ダメだ」とか「無理だな」と、心の壁が出てくるのが普通です。最初は心の壁に立ちはだかられて、「現実はそうはいかないよ」と、いまの状況にダメ出しされたように感じるかもしれません。しかし、それでいいのです。

この理想の自分をイメージすることは、あなた自身が理想の自分を明確にするためにいちばん大切なことなのです。

次に、自分のまわりにいる「その姿にいちばん近い人」を探してみてください。

できる限り身近な人物がいいですが、もしいなかったら遠くの人でもかまいません。ただ可能な限り、その人のライフスタイルや考え方を明確にできる人がいいと思います。

もちろん人間はそっくりそのまま、その憧《あこが》れの人になれるわけではありませんが、目指すだけでも変わってきます。そして、そんな生き方をしている自分自身をイメージすると、

「理想の自分」の外枠が見えてきます。

ここでも大切なことですが、「もし何の制限もないとしたら」ということをお忘れなく。あまり現実的に考えすぎてしまうと思考が止まってしまいますので、思い切ってイメージしてみてください。

■がんばらずに「理想の自分」になる簡単な方法

人は必ず誰かの影響を受けて育ちます。

子どもにとって、小さい頃の絶対権力者は親です。まだ潜在意識のかたまりである子どもは、親の言動を見て真似します。いい悪いはまったく関係なく、そのままコピーします。

そして、これは子どもだけではありません。入学したての新入生にとっては先生や先輩。入社したての新入社員には先輩や上司。幹部にとっての社長。すべてにおいていえることかもしれません。

自分に影響を与える人の存在や行動が、その後の自分をつくります。僕は人財育成の分野でお仕事をさせていただいていますが、「どんなことを教えられたか？」はとても大切です。でも、それより「どんな人に影響を受けたか」のほうが、もっと大きな要素になると思っています。

これは僕の持論ですが、いちばんの教育とは「影響を受けること」です。

この影響についても一つのルールが存在します。それは、

影響力の強いほうに弱いほうが染められていく

ということです。

たとえば大阪に行って、標準語を広めようとしても、それは至難の業です。東京に行って街をすべて自分の故郷と同じように変えるといっても、それは総理大臣でも難しいことでしょう。結局は影響力の強いほうに弱いほうが染められていきます。

では、ここを逆手にとって考えてみましょう。

自分より影響力の強い人のそばにいたら、どうなるか、もうおわかりですよね。

その人の影響を受けて、どんどんその方向に染まっていくのです。

では、その人が自分の理想の人を地でいっているような人であったとしたら？

はい。そうです。当然その人に似てきます。

つまり理想の自分になるためにいちばん大切なこと。ここはこの本の中でいちばん大切なことなので、声を大にして言わせていただきます。それは、

自分の憧れのモデルを見つけて、その人のそばにいること

なのです。つまり「影響を受ける」のではなく、「自分に影響を受けさせる」ように自分を動かしていくのです。

■ゆでガエルの法則

たとえばいま、あなたは東京に住んでいると仮定してください。そしてあなたは大阪弁に憧れているとします。さて、いまのあなたがスムーズに大阪弁を身につけるために、いちばん早い方法は何でしょう?

それは大阪弁を使う人の近くにいることです。

他にも吉本新喜劇を見ることであったり、大阪人の友人をつくって教えてもらうことだったり、方法はいろいろあります。これは英語を覚えるときでもそうなのですが、英語を学ぶなら、英語を話す人の近くにいることがいちばんの早道だといわれます。しかし、もっと早い方法は、大阪に住んでしまうこと、英語圏の国に渡ってしまうことです。

前章で潜在意識は一定であろうとするというお話をしましたが、この潜在意識は**「鈍感である」**という特徴ももっています。

「ゆでガエル現象」というのをご存じでしょうか？

熱いお湯の中にカエルを放りこむと、びっくりして飛び出してしまいます。しかし適温の水につけたまま、ゆっくりと温度を上げていくと、カエルは気づかずに、そのままゆであがってしまうという現象です。

つまり潜在意識に気づかれてしまうと、キープ機能が働いて、すぐに元に戻そうと邪魔されてしまいますが、ゆっくりゆっくりと変えていくと、気づかれずに邪魔されなくなります。

そして、そのゆっくりした移行が新しい習慣となり、「キープ機能」に固定されて、セルフイメージが変わっていくのです。

先ほど英語や大阪弁のお話を例に出しましたが、そういう人の近くにいると、潜在意識が気づかないうちに「うつる」のです。

■セルフイメージが変わる瞬間

たとえば山の中で育った人が、人生で一度も行ったことのない、東京のど真ん中にいきなり引っ越したとします。

見たこともない街、そこに走る見たこともない高級車、雑誌でしか見たことのないオープンカフェ、ネオン街の喧噪《けんそう》。なぜか普通に歩いている、テレビの中にいるはずの芸能人……とにかく一つひとつが衝撃です。この衝撃を受けている瞬間、潜在意識は、こう叫んでいます。

「ここは自分のいる場所じゃない！」

違和感も衝撃も簡単にいえば、コンフォートゾーンの外側に立たされた合図なのです。

しかし、これが3カ月、半年、1年もそこに住んでいると、オープンカフェでお茶を飲みながら、目の前で芸能人が高級車から降りてきて、同じカフェに入ってきてコーヒーを頼んだとしても、最初と同じ衝撃を受けることはなくなります。

そして東京に慣れた頃、地元に里帰りして、昔の仲間と酒を飲んで東京の話をすると、「かぶれやがって」と露骨《ろこつ》にイヤな顔をされることがあるかもしれません。しかしよく考えると、それが以前の自分なのです。

以前の自分といまの自分の違いが生まれる原因は、あなたの潜在意識が、東京に慣れたからです。

あなたのセルフイメージが「僕は東京に住んでいる人間だ」になったからです。あなたはその環境にいることが、当たり前になってしまったからです。

気がつくとその環境になじんで、当たり前になってしまう。そして、そのとき潜在意識は、こう叫んでいます。

「ここにいるのが当たり前♪」

つまり慣れたとき、違和感を感じなくなったとき、あなたのセルフイメージは変化しているのです。

逆にいえば、この「慣れ」を利用すると、努力せずに自分のセルフイメージを変えることができるようになるのです。

住む場所だけではなく、考え方にも、この原理は応用することができます。理想の自分になる方法、それが、

自分の憧れのモデルを見つけて、その人の影響を受けること

なのです。

■あなたの人生を変える5つの影響者たち

ここで、「飛べない鳥の物語」を思い出してください。

何もかもイヤになっていたピー助を変えたのは、チュンタとの出会いでした。悩みを打ち明けたピー助は、チュンタに学校に連れていかれ、そこでロン先生、そして仲間たちと出会います。

もしあのとき、ピー助がチュンタについていくことがなかったら、ピー助の人生（鳥生？）は大きく変わっていたでしょう。

あの物語には、人の心が変化する法則がすべて入っています。

あなたの人生を変えてくれるのは、次の5つの存在です。大きなポイントなので、しっかりと覚えてください。

①モデル
②シードマン
③空母
④指導者
⑤客観的アドバイザー

一つずつ説明させていただきます。「モデル」は説明させていただいたので、②から始めましょう。

【②シードマン】

初めて聞く言葉かもしれません。そうでしょう、僕が勝手につくった言葉なので。「シード」は英語で「種」と言います。そして「マン」は人です。
「シード（種）＋マン（人）」――これは成長のきっかけをくれる人のことです。これは意外と見落としがちな場所なのです。

たとえば憧れのモデルを見つけたとしても、どういうふうに、そのきっかけを探していいのかわからないことがよくあります。すでにその世界に入っている仲間、いろんな会に参加している人、もしくはそういった会を主催している人は、あなたにとって最高のシードマンになる可能性を備《そな》えています。

このシードマンは、人にきっかけをもたらすことを喜びとしています。ですから、どう考えても自分に合わなかったり、よほどあやしいもの以外は、一概にお誘いをいきなり断るのではなく、一度どんなものかをしっかり吟味《ぎんみ》してみることをお勧《すす》めします。

このシードマン、つまり、きっかけをくれる人の存在は、とてつもなく大きな存在なのです。チュンタはまぎれもなく、ピー助にとってのシードマンだったのです。

【③空母】

ピー助はそれまでの生涯の中で、人に批判され、ダメ出しをされて心の壁に覆《おお》われてしまいます。家を飛び出してしまったのも、お母さんのプレッシャーに耐えきれなくなったからです。しかし、ピー助は人生で初めての経験をします。

それはロン先生の、

「あなたにこうして出会えたことが何よりもうれしい」

という一言です。

他人に認めてもらえたことで、人は大きな安心感という心の栄養をもらうことができます。何ができようが、何ができまいが関係なく、愛してくれる人の存在、この存在を「空母」といいます。

その存在は、自分が飛びはじめたあとも、羽を癒《い》やす場所になります。自分を無条件に愛してくれる場所、自分の居場所を見つけたときに、初めて人は一歩を踏み出せるようになるのです。

【④指導者、コーチ】

これは説明の必要もないかもしれませんが、何かを始めようとしたとき、いちばんの方法は、「その道を通った人に教えてもらう」ということです。

道の歩き方、進み方、落とし穴の場所、通った人は、いろんなことを教えてくれます。実際に通っていなかったとしても、指導することに長けている人も存在します。その人は「伝えるプロ」なのです。

本でたとえれば、実業家の自伝や歴史書が実践型指導者、教え方を伝える本が理論型指導者です。どちらも、あなたにとっての大きな道しるべになります。

この物語でいいますと、具体的な方法を教えてくれたロン先生が指導者ということになります。

【⑤客観的アドバイザー】

これはシードマン同様、あまり語られることのない存在ですが、人生を歩いていく過程の中で、あなたを世の中と調整してくれる役割です。独《ひと》りよがりを予防してくれるのが、この存在です。

たとえば車を運転するとき、もし信号機がなかったら、ゴーもストップもわからず大変なことになってしまいます。そして人は何かに向かいはじめたとき、それが、とくに初心者であったときは、力んで急発進をしてしまいがちです。

セミナーや本を読んで、「よし、今日からやるぞ」と熱くなって、人を無理やり巻き込もうとしてしまったりする状態がそうです。

熱くなると、人は得てして自分が社会の中で存在していることを忘れてしまいます。そのときに、「そのやり方は間違ってるよ」と教えてくれる存在が、あなたを正しく導いてくれるのです。それが客観的アドバイザーです。

■ あなたのメンタルサポーターは誰ですか？

「モデル」「シードマン」「空母」「指導者」「客観的アドバイザー」。

あなたの思い、心、そしてあなたの存在を支えてくれる人たち。

この5つの存在を総称して、

「メンタルサポーター」

といいます。

そして、これは5人を集めるまでもなく、器の大きな人なら、これを一人で全部の役をこなしてしまうような、素晴らしい人もいます。

そんな人に会うことができたら、そして、そのそばにいることができたら、あなたの人生は輝かしいものになっていきます。

いくらその人たちに出会ったとしても、もちろん最初は緊張してドキドキしたり、違和感を感じたりすることがあるかもしれません。

しかし、自分を磨こうとする人たちの仲間というのは、あたたかい人が多いので、安心して一歩を踏み出してください。

そこでたくさんの方との出会いが増えていくことによって、自分でも気がつかないうちに変化が始まります。最初の違和感が、だんだん薄れていくのです。

ここで大切なのは、質より数です。

触れた回数の多さが、自然とあなたの「ＲＡＳ」を開いていきます。そして気がついたら、その見方、考え方が当然になってきます。

ただその場所にいること、それだけで、メンタルサポーターたちにしか見えない世界が自然と見えてくるようになります。

あなたのセルフイメージが変化を起こし、気づかないうちに、成功者の考え方に近づいていくのです。

メンタルサポーターを書いてみよう!

モデル ＿＿＿＿＿＿＿＿＿＿＿＿

シードマン ＿＿＿＿＿＿＿＿＿＿＿＿

空母 ＿＿＿＿＿＿＿＿＿＿＿＿

指導者 ＿＿＿＿＿＿＿＿＿＿＿＿

客観的アドバイザー ＿＿＿＿＿＿＿＿＿＿＿＿

■あなたの心の壁をつくる人々

さて、めでたくメンタルサポーターのいる環境に飛び込むことが決まり、準備完了！と言いたいところですが、この逆側に位置する人のこともお伝えしておかなければいけません。

それは「心の壁を生み出す人の存在」です。

やっとの思いをして心の壁をちょっと壊して、「できる」と思ったとしても、「なにバカなこと言ってるの？」と言われ、元のセルフイメージに戻ってしまうことがあります。

そして気がついたら目の前に心の壁が修復されて立ちはだかる。しかもさらに分厚く高くそびえ立ってしまう。これを繰り返してしまうと、人はチャレンジするのも怖くなってしまいます。ピー助の物語でいえば、ピー助をいじめたガキ大将たちのような存在です。

こういった心を壊す人たちのことを、

「メンタルキラー」

といいます。心をしっかり守っていくために大切なこと。それはできる限りメンタルキラーから距離を開けていくことです。もっと言うと、できることなら会わないようにするほうがいいということです。

しかし、ここで意地悪で否定する人はともかく、本当にあなたのためを思っていってくれる人もいるので厄介なのです。ピー助でいえばお母さんの存在がわかりやすいと思います。

僕たちの実生活でいえば、たとえば親、同僚、学校の担任を含め、「いま現在のあなた」や、「過去のデータ」、そして「常識」というものから判断して、悪気なく、あなたのチャレンジをストップさせようとしてしまう人もいます。酷《こく》な言い方になりますが、その人たちもメンタルキラーです。

そうした人たちに対してはまずはこれしかありません。それは、

結果を出すまではコソッとやる

ということです。アドバイスをくれる人はもちろん親切心からです。しかし、その人たちとあなたの人生は別物です。しっかりと覚悟をしてください。

このメンタルキラーからしっかりと自分の心を守っていくことは、前に進んでいく上で、とても大切なことなのです。

■人は何かに信じ込まされているものと知る

「あいつ変わった」

「変なものにはまったのかも」

「危険だ。やめとけよ」
「いきなり固いこと言いはじめたけど、なにかに洗脳されてるんじゃない？」

本を読んだり、講演会に行ったり、何かの勉強会に参加したりといった、なんらかのかたちでアクションを起こしはじめたとき、こんな言葉をかけられることがあるかもしれません。とくに「洗脳」と言われると、えらくマイナスイメージに聞こえます。

基本的にマイナスの言葉として使われるので、がくっと肩を落としたくなりますが、よくよく考えてみると、人はなんらかのかたちで洗脳を受けています。親の言葉、世間一般に流れる常識、そしてマスコミから流れてくる情報……こうした外部の情報に、人はなんらかのかたちで洗脳されています。

しかし、勉強するのに、いちいち洗脳扱いされてはたまったものではありません。

ですから、この言葉はあまり重くとらえる必要はないと思います。

人は新しいことを学んだり、求めはじめると、新分野へ向けてのＲＡＳが開きます。いままで信じ込んでいたことや思い込みの枠が外れて、新しい世界が見えてくるのです。

俯瞰《ふかん》してみると、これは洗脳されているのではなく、その逆で、洗脳から解けているのです。洗脳された人が、洗脳から解けた人を批判している図式なのです。

しかし、それをいくら伝えたところで、相手には、あなたが新しく見えてきた世界には、ＲＡＳがかかって見えないから批判するのです。見えないから言うのです。

まわりの人にまどわされることなく、あなたの前に広がっていく新しい世界を大切にしてくださいね。

■夢は人に話しすぎると危険だと心得る

「夢はどんどん語りなさい。そうすれば協力者が出てくる」

とよくいわれます。ある意味、これはその通りです。しかし僕は、あえてこの言葉とは逆のことを言わせていただきます。

「夢をもった最初の頃は、『協力してくれそうだ』と思ったり、実際に人の夢を応援している人だけにしか話さないほうがいい。やたらめったら人に話さないこと」

とセルフイメージコーチングの際にお伝えしています。その理由は、メンタルキラーに夢を壊される危険性が高くなるからです。

メンタルキラーとは、あなたが思いついたり、新しく始めようとすることを、次々につぶしていく人たちです。とくに、あなたがやりたいことが、現状とギャップが大きければ大きいほど、人から止められたりバカにされたりする危険性が大きくなってしまいます。

やりたいことというのは、見つけたばかりのときは、まだ種のようなものです。そして、その種を植えるときに人から止められたり、植えても掘り起こされてしまったり、もしくはわずかに芽が出そうになってもそこに洪水《こうずい》が襲ってきたり、とにかくしっかり根が張るまでは不安定なものです。

これを荒らされないようにするためには、その植えた場所を教えないこと。つまりできる限り、メンタルサポーターになってくれる人以外には言わないほうがいいのです。

すべてのメンタルキラーが悪気をもっているわけではありません。しかし、人は誰も、自分が生きてきた価値観に当てはめて人の話を聞こうとします。

そして、自分の価値観を大きく超えた夢を語る人を見たときに起こす行動は、笑ってバカにするか、無理だと烙印《らくいん》を押すか、あきれて相手にしないかのどれかです。

ここまではないにせよ、やろうとしていることが、いままでの経験を超えると想像がつきません。となると、すぐさま危険だと判断して全力で止めようとします。成功がイメージできないのです。せっかく見つけた未来への種。根を張る前の段階のときは大切に大切に取り扱ってください。

■客観的アドバイザーとメンタルキラーの違い

さきほど、メンタルサポーターの中の客観的アドバイザーについて説明しましたが、客観的アドバイザーとメンタルキラーは混同されることが多いので、この違いについてお伝えしておきます。

もしあなたが自分の理想に向かって歩きはじめたとしても、その進む方向を間違えた場合、客観的アドバイザーがあなたに厳しいアドバイスをすることもときにはあります。彼らの言うことが耳に痛い場合もあるでしょう。しかし、同じ厳しさでも客観的アドバイザーとメンタルキラーは大きく違います。それは、

基本的にあなたの進む道を応援しているか、それともストップをかけようとしているか

の違いです。

どんな人でも、自分の主観だけで生きていくと独りよがりな結果になってしまいがちです。客観的アドバイザーは、あなたのやりたいことを、現実と適合させてくれる役割なので、しっかりと意見を聞き入れることが大切です。

これに対してメンタルキラーはあなたの未来ではなく、過去のあなたから結果を先読みしてブレーキをかけます。しかし、それを真に受けすぎると、あなたの将来は過去と同じものになってしまいます。過去の失敗データを捨てて、新しい未来を創造してください。未来のありたい姿から逆算して、「いま」を変えていくことが大切なのです。

こうした理由から、メンタルキラーからはできるだけ距離を置いて、あなたの未来のために必要なことを教えてくれるメンタルサポーターをもつことが必要なのです。

人生は誰と出会うか、そして誰の言うことを信じるかで大きく変わります。

Rule ②

【言葉環境を変える】

■言葉の力を知っていますか？

あなたは「オーリング」という実験をご存じでしょうか？

親指と人差し指で輪（O字のリング）をつくって、もう一人の人に、その指を離してもらうというものです。これはお医者さんが薬を処方するときや、パワーストーンが体に合うかどうかを観るときによく使われますが、言葉でも実験することができます。

まず親指と人差し指をくっつけて、「ありがとう」を10回、口にします。そして相手の人に、そのオーリングを離そうとしてもらいます。しかしこれは離れません（力の差がありすぎる場合は離れることがあります）。

こんどは「むかつく」と10回、口にしながらオーリングに力をこめて同じことをします。

するとパカッと開いてしまいます。実際に近くの人とペアになってやってみてください。いかがだったでしょうか？

次は同じオーリング実験ですが、ちょっとやり方を変えてみましょう。

こんどはオーリングをつくったあなたは、何も言わず黙っていてください。オーリングをつくった人ではなく、離すほうの人が、こう声をかけながら開いてください。

「あなたはできる」

を10回です。

すると不思議とオーリングは開きません。次に、

「あなたはダメだ」

と、10回言いながら開いてください。指から力が抜けて、簡単に開いてしまいます。

オーリングテスト

step①

片方（つくる人）が親指と
人差し指でリングをつくり
離されないように力をこめる。
もう片方（離す人）が
図のように離そうとする。

オーリングのつくりかた

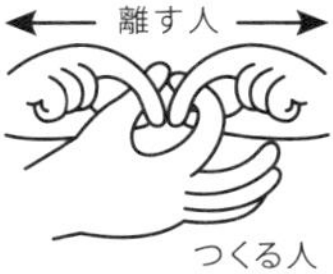

step②

つくる人が「ありがとう」を10回
言いながら力をこめ、離す人が
オーリングを離そうとする。
次は「むかつく」と10回
言いながら同じワークをする。

step③

今度はつくる人は何も言わずに
力をこめ、離す人が「あなたはできる」
と言いながら離そうとする。
次は、「あなたはダメだ」と
言いながら同じワークをする。

■ 水は答えを知っている

水に不思議な実験をした本があります。『水は答えを知っている』（江本勝著、サンマーク出版刊）という本です。

二つの水を準備し、片方の水には「ありがとう」、そしてもう一方の水には「ばかやろう」と声をかけて、その粒子を調べるという実験です。すると「ありがとう」の言葉をかけたほうの水の粒子は、きれいな結晶型になるのに対して、もう一方の「ばかやろう」と声をかけられた水の粒子は、ガタガタに壊れているという結果が出るそうです。

自分が口から出した言葉をいちばん聞いているのは、他の誰でもなく自分自身の耳です。しかも人間の体の約7割は何でできているかわかりますよね。そう、水分です。口から出して耳から入った言葉が、自分の体にとてつもない影響を及ぼしているということを、この本は教えてくれています。

信じる信じないは別として、言葉というのは音だけでなく、目に見えない不思議な何かをもっているのです。いい言葉を口にし、いい言葉を聞くことの重要性を伝えてくれています。

言葉には二つの言葉が存在します。一つは口に出したら自分も相手も元気になる言葉。

これを、

「プラストーク」

といいます。そしてもう一つが口に出したほうも聞いたほうも元気を吸い取られる言葉。

これを、

「マイナストーク」

といいます。プラストークを聞くと人は元気になり、マイナストークを聞くと人は元気がなくなります。このことは、誰もがそれまでの経験でわかっていただけると思います。
過去に使った言葉は潜在意識に蓄積されます。自分が話した言葉、そして人から言われた言葉、聞いた言葉のうち、プラスが多いのか、マイナスが多いのかで、自分が発する言葉も変わってきます。

僕たちがふだんなにげなく使っている言葉は、人生において想像以上に大きな力をもっているのです。

■あなたの心をつくり出している偉大なるご主人様

僕たちは、生きていく中でいろんな経験をします。その経験や体験を通して、人は心の中に習慣をつくっていき、そして、それが潜在意識にストックされるようになっています。

その中でも、心をつくっているいちばん大きな存在、それは先ほどからお伝えしている

「言葉」の存在です。人は起きてから寝るまでに平均で1日5万から6万語の言葉を頭の中で話すといいます。つまり、いちばんの話し相手は自分自身なのです。朝起きたときから、その会話は始まります。


「あー、もう起きる時間だ。うるさいから、目覚まし時計いったん止めよう。

もうちょっと時間があるなー。でも、この前二度寝して遅刻して怒られたからなー。

どうしようかな。うん。今日は遅刻しないはずだから、もう一回ぎりぎりまでセットして寝よう。えっとセットはどうだったっけ。

ここのボタンを押して時間を合わせて、よし準備完了。

ちょっとだけおやすみなさい♪」


こんな感じに、頭の中で会話を繰り返しています。なにか起きたときも、人はそれぞれ、お決まりのパターンで会話を始めます。

この心の中での会話が、その人の行動のご主人様です。これを、

「セルフトーク」

といいます。そして、このセルフトークは「聞く言葉」「見る言葉」「発する言葉」の三つでできています。

■まずは「聞くこと」からすべてが始まる

先ほどもちょっと触れましたが、人は他人の言葉や情報を聞くことで言葉を覚えます。まだ話せない子どもが日本で育つと、日本語を話すようになります。アメリカで育つと英語を話すようになります。大人でも、1年もアメリカに住んでいれば、英語を話せるようになります。

何をおいても、まず最初に、いちばん大切なことは「聞く言葉」です。聞いているうちに、覚えるというより、潜在意識にしみ込んでいくのです。

子どもがお経《きょう》を聞いているうちに、だんだんお経を口ずさんでいくのもそうです。あれはお経の意味を理解しているわけではありません。

大好きなミュージシャンの新しいアルバムもそうです。どんなに好きなアーティストの曲とはいえ、最初は多少なりとも違和感を感じるはずです。しかし、それを車の中や家でずっとかけていると、いつのまにか口ずさんでいる自分に気がつくと思います。

あれは繰り返し聞くことによって、潜在意識のレコードに上書きされているのです。

人は誰も、自分の中のセルフトークにしたがって動いています。最初にお伝えした「素敵な勘違い」も「不幸な勘違い」もすべて言葉から始まります。それは子どもの頃だけでなく、大人になったいまも常に変化していきます。

そして、まわりにいる人の言葉はうつります。その変化に、いちばん大きな影響を与えるもの、それが自分のまわりにいる影響力のある人の言葉なのです。

最後に小さなお子さんをもつお父さんお母さんへ。

子どもは潜在意識のかたまりです。

善悪の判断なく子どもは親の言葉を鵜呑《うの》みにします。

「できない」「ダメ」「無理」は、とくに幼い頃は、思いのほか子どもの心に響き、そして潜在意識に残っていきます。どんな子に育つかは、家庭でどんな言葉を聞いてきたかが大きな影響を及ぼします。

子どもの将来のためにも、できるだけいい言葉、自信をつける言葉を意識して聞かせてあげてくださいね。

■ 愚痴の共感を減らすと、あなたのまわりから愚痴が減る

たとえば、あなたのまわりにいつも人の悪口を言っている人がいるとします。

「イヤだな、聞きたくないな」とは思いながらも、どうしてもそれが耳に入ってしまうの

が人の世です。

いくらそちらにＲＡＳをかけようとしても、物理的に入ってくるものを止めることはできません。相手を諭《さと》そうとしても、おそらくそれを変えるのは難しいと思います。

しかし、いくら環境を変えようといっても、同じ職場であったり、物理的に離れることができない関係性の人も必ずいると思います。ですから、そこを無理やり飛び出そうとするのも、現実的には難しいでしょう。

そのときはできる限り、共感しないようにするのが対処法です。

人は誰も共感してほしい生き物です。いいことも悪いことも、です。共感してくれるからこそ、人は話しはじめますし、聞いてくれて当然と思い込むようになります。

しかし、どんな聖人であれ、耳から入った言葉は一度、脳で想像します。すると聞くだけでも、エネルギーをとられてしまいます。であれば、まず共感しないということから始めることなのです。

共感しなければ、相手はあなたに話さなくなります。面白くないからです。こうして徐々にマイナストークを、あなたのまわりから減らしていってください。

「愚痴を聞いてくれる人ってありがたい」という言葉をよく耳にしますが、このエネルギーの法則を知ると、ありがたいどころか仏様クラスなのです。自分のエネルギーも一緒に下げて自分のことを聞いてくれるのですから。

■いい言葉を選んで耳にする機会を増やす

30歳からいままでの約8年間、いろんな学びの方法を研究してきましたが、実際に僕がやってトップクラスに効果のあった方法をご紹介させてください。それは、

音声を繰り返し聞くこと

です。

学びにはいろんな方法があります。セミナーに行ったり、成功者を訪《たず》ねたり、本を読んだりしてきましたが、ひょっとしたら、これがナンバーワンだったんじゃないかなと思うくらい「音声を聞く」というのは強い方法です。

僕は幸いなことに、仕事上、20代の頃から日本の成功者と呼ばれる方から、いろんなお話を聞く機会に恵まれてきました。

そのご縁でマンツーマンの直接指導を受けさせていただくことができたのですが、そこには必ずＩＣレコーダーを持参していました。持ってくるのを忘れてしまったときは、近所の電気屋さんに飛び込んで、新しいのを買って学びに行きました。

こうして人生の師匠にたくさんのすばらしい教えを聞き、講義を終えて、ホテルに戻る電車の中で、さっそくその日のお話を、繰り返し繰り返し聞きました。すると不思議なことですが、いつのまにか自分の口から師匠に教えていただいたことが無意識に口から飛び出すようになってきたのです。

いま、こうして本を書かせていただいていますが、これは繰り返し教えを聞いてきたことがかたちになったのではないかなと思います。

便利な時代になり、いまはすばらしい先生方の、いろんな講演会の音声が販売されています。それをとにかく回数を聞き重ねてみてください。

■受けとり上手のすすめ

「できる自分」に変わるには、つき合う人の環境を変えるということが大切ですが、これは「言葉」にもつながります。

メンタルサポーターとは、あなたの成長を支援してくれる人のことなのですが、こうした思いをもっている人の言葉は、おそらくほとんどの割合で、あなたにプラスの言葉をかけてくれるはずです。

ありがたいことに、僕にはたくさんのメンタルサポーターがいます。

すばらしいモデル、指導者、シードマン、空母、アドバイザー……いまの自分があるのは、この人たちのおかげさまといっても過言ではありません。一人でくじけそうになったとき、その人たちのところに足を運ぶか、電話やメールをするか、飲みに連れていってもらうか、なんらかのかたちでコンタクトをとり、うまくいく方法をたくさん教えていただきました。

そこでモデルや指導者のあたたかい言葉を音声におさめて、何度もそれを自分の折れそうな心の支えにしてきました。

そんな僕が、こんどは若い人の相談を受ける立場になって、よく感じることがあります。

それは、

受けとり下手な人が多い

ということです。たとえば尊敬している人が気さくに接してくれたとき、こう答える人がたくさんいます。

「いや、自分なんて。そんなもったいない！」

もったいないのはチャンスを逃がしている自分のほうです。

せっかく相手が仲良くしようと思っているのに、その人のセルフイメージの低さが遠慮を生み出すのです。

セルフイメージの高い人だったら「ありがとうございます。ではお言葉に甘えてそうさせていただきます」と言って、そのまま仲良くなってしまいます。これも思い込みの差です。

他にもう一例。たとえばメンタルサポーターがあなたをほめてくれるとします。これも素直に受けとれない人が多いのですが、おそらくこれは過去に言われたであろう、この言葉がキーワードになっていると思います。

「調子に乗ってはいけません」

「どこまでも謙虚《けんきょ》にしましょう」
「人はお世辞をいう生き物だ。まともに受けとると馬鹿を見る」

この言葉は、あなたの成長のチャンスをいちばん邪魔するものです。もちろんあなたの成功を邪魔しようとする人の言葉は鵜呑みにしすぎないほうがいいですが、あなたを心から応援しているメンタルサポーターの言葉は受けとらないと大損をします。

とくに、自分に自信をなくしそうなときこそ、しっかりと受けとってください。自分は信じられなくても、あなたの大好きなメンタルサポーターの言葉は信じられるはず。

素直に「ありがとうございます。これからも自分を磨きます」と受けとればいいのです。メンタルサポーターの応援の言葉は、セルフイメージを上げるためのいちばんの栄養素なのです。

■最古にして最高のメディアを味方につける

さて、まずここまでは最初の言葉環境、「聞くこと」についてお話しさせていただきました。

しかし言葉環境というのは聞くことだけではありません。次は「目から入る言葉」のお話をさせていただきます。

人の頭には二つの受信システムがあります。一つが耳、そしてもう一つは目です。とくに目から入る情報は、映像として頭の中に残りますから、ここに入ってくる言葉というのも人に大きな影響を及ぼします。

実際に広告や看板の言葉、テレビのコマーシャルや番組、これは人間の目から入る効果を計算しつくされてつくられています。

目から入る情報の中で僕自身、いちばんお勧めしているのが、

本を読むこと

です。テレビ、DVD、インターネット……。いま、この世にはさまざまな情報があふれています。その中で、いちばん自分の時間を使って自分の好きなペースで自分自身をよりよい状況に導いていけるものは本だと思います。

しかも、そのチョイスは自分でできます。自分にあった良書、お気に入りの本を見つけて、それを最低でも7回は読んでみてください。

反復することによって、うまくいっている人の考え方が徐々にしみ込んで、セルフトークを書き換え、無意識のうちに自分の行動を変えてくれるのです。

僕はたくさんの人の転機を研究してきたのですが、ほとんどの人が人との出会い、もし

くは本との出会いで、人生が変わったといいます。そしてまた成功しつづけている人が、いちばん大切にしているのも、人にお勧めしているのも、本であることは周知の事実です。

そして日本でも、いや世界中でいちばん古いメディアは本です。人の歴史は本によってつくられたといっても過言ではありません。文字を追うということは、頭の中の想像力の訓練になります。

もし近年いわれている本離れが本当に進んでいたとしたら、本を読む人にとっては大きなチャンスになります。数が少なくなればなるほど希少《きしょう》価値が上がります。

本という最強のメディア、ぜひ味方につけてくださいね。

■ 目から入る情報をジャッジする

あなたは家に帰って荷物を置いてソファに腰掛けてから、いちばん先に何をしますか？

最近、僕は１００人の人にデータをとりました。

その中で1番が「テレビをつける」、そして2番が「パソコンかスマホでＳＮＳを見る」でした。しかもこの二つが7割近くの答えでした。テレビは予想していましたが、ＳＮＳの数の多さは意外でした。それだけフェイスブックを筆頭としたＳＮＳの存在が僕たちの生活に入り込んできている証拠だと思います。

僕は仕事上、よく東京に行き、電車に乗ります。社会人を始めた十数年前の東京とまったく違うことがあります。それは電車で本を読む人が激減し、その代役としてスマホを見ている人の数が圧倒的に増えていることです。

人が情報を収集するメディアが目に見えて大きく変化してきています。これは大部分が視覚からの情報収集です。その中で、心の壁をつくってしまう可能性のあるものの存在をここで書かせていただきます。

■ＳＮＳは楽しめる範囲で

まずはネット社会が生み出した「ＳＮＳ」の出現。ブログでスタートし、ツイッター、フェイスブックが大爆発。もはや社会現象を超えて、おそらく文化として定着すると思います。これはすばらしいことである反面、ある意味、大きな危険性をはらんでいます。

とくに、いま人気ナンバーワンのフェイスブック。使っている人はわかると思いますので、その人たちに向けて書かせていただきます。

フェイスブックでつながると、いろんな人の書き込みがウォールに上がります。見ていると、いろんな人の行動や人生観を知ることができて、とても楽しいものです。しかし、発信者はさまざま。マイナスの思いをウォールに上げたり、コメントとして書き込んだりする人も中にはいます。

オーバーな言い方にとられるかもしれませんが、これは一気に心をもっていかれます。目から入る情報はビジュアルで心に入ってきますから。できればそういう書き込みは、目に入れる機会を減らすことをお勧めします。

人の人生を意識するのも、ともすると習慣化してしまいます。そして自分の気分のいいときには笑って見ることができた、人の「リア充（リアル社会で楽しそうなこと）」も行きすぎると、自分の心を傷つけてしまう恐れがあります。楽しめる範囲でＳＮＳといいおつき合いを。

■トイレの教え

期末試験前の丸暗記は顕在意識、そして、こうした言葉の継続的な暗唱は、潜在意識に入り込みます。

小さい頃、僕と弟はどちらかというと、やんちゃ坊主のたぐいに入るほうでした。学校で怒られて、先生に親が呼び出されることもしばしばありました。ですが、あいさつだけはいつも通知表でマルをもらっていました。

それはおそらく、家のトイレに貼ってあった母の言葉の影響だったのではないかなと思います。

その紙にはこう書かれていました。

しげちゃん、こうちゃん
きょうもいちにちたくさんのひとたちのおかげさまで、
たのしいひとときをすごせてよかったね。

ひとはひとりではいきてはいけません。

たくさんのひとたちのおかげさまで、いまのわたしたちがあるのよね。

あいさつはちゃんとできていますか?

「おはようございます」

「こんにちは」

「こんばんは」
「さようなら」
「はい」
「ありがとうございます」
「ごめんなさい」

あいさつができるひとって、　きっとすてきなひとになれるとおもうよ。
おとうさん、　おかあさんのだいじなだいじなたからもののふたりだから、
どうぞりっぱにせいちょうしてください。

おとうさん、　おかあさんより

実際、見るたびにこの言葉を口ずさんでいたわけではありませんし、じーっと読んでいたわけではありません。中学生くらいになって友達が遊びにくると、恥ずかしくなって破《やぶ》ろうとしたこともありましたが、なぜかそれはできませんでした。そしてこの言葉は不思議と大人になったいまでも口をついて出てきます。

いま僕の家にも、弟の家にも、トイレにはこの言葉が貼ってあります。不思議なもので、子どもたちも通知表のあいさつの欄には、必ずマルが入ってきます。

何度も同じ言葉を目にしていると、その言葉が潜在意識に入るといわれています。

ぜひトイレに、あなたの好きな言葉を貼ってみてください。ただそれを眺めるだけで、潜在意識は変わります。

■口に出す言葉を意識する

次は自分が口にする言葉、自分が書く言葉、つまり自分が発信する言葉のお話です。

潜在意識に言葉がしみ込んだとき、いよいよ本格的に、その言葉を使いはじめる段階が来ます。

「もの言えば唇《くちびる》寒し秋の風」「口は災《わざわ》いの元」などといわれますが、いったん発信する言葉は取り返しがつかないから、ものを言うときは気をつけて言おう、ということを昔の人はいっています。いつの時代も言葉で失敗する人が多かった証拠なのでしょう。そして逆に、最近はこんな言葉もあります。

「いい言葉がいい人生をつくる」

素敵な人は、みんな本能的にこのことを体感し、そして実践しています。

この章の冒頭にオーリング実験をしていただきました。僕はいま、全国各地で講演やセミナーをさせていただいていますが、このオーリング実験のワークは必ずさせていただくようにしています。驚くのは、この実験をしたあとに、

「うわー、すごい！」
「え、なんでなんで？」
「うわ、離れた！」

と、ものすごい歓声があがることです。ふだん、なにげなく使っている言葉が、これだけ自分自身の生活に影響していることが、まだ意外と知られていないのです。

人は言葉でコミュニケーションをとる生き物です。言葉で元気になり、そして言葉で元気をなくします。そして最初にもお伝えしたように、言葉にはプラスの言葉とマイナスの言葉があります。

マイナスの言葉を発してそれをいちばん聞いているのは、ほかの誰でもなく、自分自身の耳です。

愚痴を言うのは、自分の首を自分で締《し》めて「苦しい苦しい」と言っているようなものなのです。多くの人が、この事実を知らないのは、とても怖いことなのです。

■言葉が心を先導する

「いい思考をしている人が、いい言葉を出すことができる。だからまず最初は考え方を変えなきゃね」と普通は思いがちです。しかしじつは、これは順番が逆なのです。

いい言葉を先に出すと、そこに思考が生まれ、その後に幸せな感情がついてくるのです。

試しに、「僕（私）は幸せだ」と先に口に出してみてください。できれば一人のときがいいですが、他に人がいてもかまいません。この言葉を口に出すと、次にあなたの脳は必ず、こういう言葉を発信してきます。

「なんで？」

するとあなたの潜在意識は、「ところで、なんで自分は幸せなんだろう？」と考えるようになります。これは条件反射で、そう考えるようにできているのです。

隣に人がいたとしても、同じくあなたの言葉に反応して、「なんで？」とあなたに聞いてくるでしょう。相手の意識が、あなたの言葉に引っぱられた証拠です。

「あー、イヤになる」と口に出すと、当然あなたの脳は、こう聞いてきます。

「なんで？」

あとの理屈は同じです。この言葉のあとに、いい言葉は生まれてこないようにできています。潜在意識は矛盾を嫌いますから。

「くよくよしても仕方ない。前に進もう」

「気のせい気のせい」
「ありがたいな」
「いい勉強になった。だから次は大丈夫」

こうした言葉を味方につけることで、あなたのまわりにチャンスがうまくいく理由がどんどん飛び出してくるようになります。そうすればあなたの未来は、さらに輝いたものとなるのです。

■ 空母の言葉

いまでこそ、こんなことを書かせていただけるようになりましたが、僕も心の壁で覆われていた時期がありました。

僕の場合はどちらかというと、家よりも外の環境でダメ出しをされてきたことのほうが多かったような気がします。そんなときに、いちばん大きな支えになってくれたのが母の言葉でした。

たとえば学校の成績が悪かったとき、事業を始めてピンチが来たとき、くじけそうになったとき、いつも母がこんな言葉をかけてくれました。

「あなたなら大丈夫だよ」
「必ずできるよ」
「そんなこと気にしてるの？　気のせい気のせい」
「あなたのこと信じてるよ」

そして、もう一つ口グセがありました。それは、

「で、あなたはどうしたいの？」

という言葉でした。そして「俺、こうしたいんだ」と答えると、「じゃあ、あなたのしたいようにやってごらん。大丈夫だよ。うまくいくから」と決まって返ってきました。いま思えば、「〜しなさい」ではなく、僕の中の「したい」を引き出してくれたことで、自分

のやりたいことに気づかせてくれたのです。そして、こう言われると、「裏切るわけにはいかないな」という感情が芽生《めば》えてきました。

こんなことを書かせていただくとマザコンのように思われるかもしれませんが、僕にとっての最大の空母は母でした。何よりも母が楽観的な性格だったことが僕の救いでした。いまでも「よくあのとき、ああ言ってくれたな」と思うことも多々ありますが、母の言葉に何度も救われました。

自分が親になって思うことですが、身近な大人、とくに親の言葉は子どもの成長にとって、大きな役割を果たします。「できるよ」「大丈夫」が、まず家庭にあふれれば、必ず子どもの自信が生まれます。

この本を読んでくださる人の多くは、実際に子どもさんがいたり、これから親になる人もたくさんいると思います。この本をきっかけに、読んでくださった大人だけでなく、その大人のまわりにいる一人でも多くの子どもたちの心の壁が壊れていきますように。

■ 言葉が変われば日本が変わる

「言葉の力」について、いろいろお伝えさせていただきました。これは、いつか並べて必ずお伝えしようと思っていた、僕自身が体験し、実感してきた成功論の巨大なテーマでした。最後に言葉について日本に流れる風潮について、僕の主観を書かせていただきます。

おそらくこういった啓発本を読まれる人は、どちらかというと、人に優しくしたいと思ったり、もっともっと自分の人生をよくしたいと思っている人たちだと思います。この章の締めとして、言葉に対する僕の思いをこの場を借りて書かせていただきます。

いまの日本の不況や人の心の不安定感は、マイナストークが引き起こした「言葉の不況」です。すべてではないにせよ、大きな一因をになっています。

毎日流れる暗い情報、前向きな人の足を引っぱろうとする「出る杭《くい》は打ちましょう」精神。これではいくら景気を上げるために政治家ががんばっても、人は安心して財布《さいふ》のひもは緩《ゆる》めません。いくら先生が生徒に道徳的なことを教えても、それをバカにする大人のもとで育った子どもには、その言葉が入りません。

では、いまの僕たちに何ができるのか？　それは、

自分自身がプラスの言葉という光を発信して、人の傷ついた心に火をともしていく、そして、この「フォー・ユー」の連鎖《れんさ》を起こしていくこと。そして一人でも多くのメンタルサポーターの存在を増やして、メンタルキラーの存在をできる限り減らしていくこと

だと思っています。

言葉は人の心を、あなたのまわりの人を、そして誰よりもあなた自身を幸せにするいちばんの道具です。包丁で素敵な料理をつくることができたり、人を傷つけることができる

ように、言葉の使い方で、素敵な人生も、残酷な人生もつくれるのです。

「優しさ」「思いやり」「愛」

この、人として当たり前のことを表現することに、ずっと我慢させられてきたのです。

もういいでしょう。あなたの優しさを我慢しないでください。

もうこれ以上、僕たちの住む日本が暗さに負けてしまわないように。

あなたの大切な人が傷つくことのないように。

子どもたちの未来が明るい言葉であふれるように。

世界中で、たった一人しかいない、あなたが明るく生きていけるように。

そして、いつか必ず「フォー・ユー大国日本」の時代がやってきますように。

Rule ③

【仲間をつくる】

team

■この世でいちばん大切なもの

さて、最後に「あなたの心の壁を壊すためのいちばん大きな存在」を手に入れる方法をお伝えしていきます。

その存在があるから歩いていける、その存在があるから強くなれる、その存在があなたを支えてくれる、その存在があなたを孤独のふちから救ってくれる、その存在があなたを理想のゴールへと導いてくれる。あなたの人生に何よりも大きなその存在、それは、

同じ思いをもった仲間

の存在です。

人は一人で自分を変えることはなかなかできません。いくら決めたとしても、まわりの抵抗や、いままでの習慣が邪魔をして、心が折れそうになることも多々あるでしょう。

それを支えてくれるのが仲間の存在なのです。

では、その仲間はどうやって探したらいいのでしょうか？　ここからは僕の経験を通して書かせていただきます。

11年前、人生の師匠に出会い、いろんなことを教えていただけるようになりました。そしてまず最初に、学んだことを伝えるための勉強会を始めようと人を集めはじめたとき、さまざまな人からの抵抗がありました。

「そんな方向に行かずに売り上げのことを考えろ」

「似合わない」

「何を突然、夢みたいなことを言いはじめたの？」

「理想ばっかり追っても仕方ないよ」

「甘い。おまえには無理」

などなど。これはそれだけ僕自身が逆の生き方をしてきたということなのでしょう。なんとか仲間になってもらおうと、いろんな人に協力をお願いしましたが、まだ何もやっていない僕のことをわかってくれる人はほとんどいませんでした。

そんな僕を見て、初めて協力してくれたのが、3人の幹部でした。

「そんなにいろんな人に伝えようとしたって伝わらないって。まず俺たちだけで勉強会を始めようよ」

と言ってくれた彼らと、とにかく実験し、出た成果を他のスタッフたちに伝えるようにしました。僕と彼ら3人でやったことのみを、興味をもってくれるスタッフだけに、少しずつ伝えていくようにしました。するとゆっくりゆっくり輪が広がっていきました。

■人生を変える3人の法則

僕と3人の仲間で始めた勉強会はいま、おかげさまで全国に広がっていき、たくさんの賛同してくれる仲間たちができました。おかげさまで、こうした立場に立たせていただけるようになって、昔の自分と同じように、勉強会を立ち上げたいという人たちから、たくさんの相談を受けるようになりました。

その人たちに必ずお伝えさせていただいていることがあります。それは、

「何があっても力になってくれる3人の仲間を集めてください」

ということです。

「3」という数字には不思議な力があります。「三種の神器」「釈迦《しゃか》、孔子《こうし》、キリストの三

聖」「三国志」「福禄寿《ふくろくじゅ》」「天地人《てんちじん》」「石の上にも三年」「三度めの正直」「三位一体《さんみいったい》」「御三家《ごさんけ》」「桃太郎と三人の家来」など、数え上げるとキリがありませんが、この3にまつわる数字がことわざの中でもいちばん多いのは、確実になんらかの意味があるのでしょう。

とにかく3人です。

これなら実現可能な数字なのではないでしょうか。

初めて勉強会をつくろうとして、まわりの人からいろいろ言われた僕は、とりあえず人に伝えるのをいったんやめて、僕を信じてくれた3人の幹部にかけることにしました。すると不思議と、この勉強会が楽しくなっていけばいくほど、どんどん賛同してくれる人が増えていったのでした。

僕はいま、いろんな会社でチームづくりのコンサルティングのお仕事をさせていただいています。ここでも同じように「3人の仲間をつくってください」とお伝えしています。

これはチームづくりの現場を通してもよくあることなのですが、２人だとよくも悪くも意見がまとまりやすく、３人目がいい意味でバランスをとったり、ストッパーになるケースが多いのです。この３人の仲間をつくって思いを深めていく方法、これを僕たちは、

「ハッピーシェアリング」

と呼んでいます。ここからはハッピーシェアリングの具体的な実践方法についてお伝えしていきます。

■同じ本を読んで勉強会をする

ハッピーシェアリングツールのナンバーワンは、「本」です。

同じ思いの人を集めるのにいちばんいい方法が、

あなたが読んで感動した本に共感してくれる３人を探す

ということです。

本には、いろんな考え方がつまっています。同じ本を読んで感動するということは、同じ思いをもっているということに他なりません。僕がお伝えしているシェアリングの方法を、ここで紹介します。

お気に入りの本を見つけると、まず10冊は買い込みます。そして、シェアが始まります。1500円で買って、1500円で売るのです。ちょっと重くなりますが、その本は常にバッグの中に、数冊は入れておくといいと思います。いつどこで同じ思いの人と出会う機会に恵まれるかはわかりませんから。そのときに本をもっているのともっていないのとでは、チャンスの広がり方が違います。

この際、プレゼントすることもいいかもしれませんが、本はお金を出して買ったものでなければ、なぜか人は読みません。貸すというのもできれば避けたほうがいいでしょう。貸した本は返ってこないことが多いです。

ですから本だけはお金を払ってもらってください。そのために仲間を飲みに誘って、本代より飲み代のほうがお金がかかることがあってもです。

こうして本を読んでいただくと、10人中、だいたい3人くらいは反応が出てきます。

「あの本、めっちゃよかった」

この言葉が出たときに、「ねえ、こんどあの本の勉強会するんだけど来られる？」と誘います。そして、その著者の講演会が近くで開催されるときは必ず行ってください。

するとそこに集まっているのは、同じ思いをもった人たちです。こうしてどんどん仲間を増やしていくのです。本は読む人の心を知るリトマス試験紙のようなものです。あなたにとってどんな名著であったとしても、それが相手の心に響くかどうかはまた別の話。

おそらくこのハッピーシェアリングは、思わぬところから反応が出てくると思います。仲間づくりには最適なのが、「本」のシェアリングなのです。

■「アウトプット」の正しいやり方

本や講演会などの情報をシェアすることの大切さについて、もう少し掘り下げていこうと思います。

「いいことを聞いたら、すぐに人に伝える」という言葉がありますが、そのときに何を伝えるのかが大切です。

正直、聞いてすぐのことを人に伝えるというのは、ものすごく難しいことです。講演者や本の著者というのは、伝えることの専門家です。もちろん伝えるのが上手です。この内容を、そのまま人に伝えようとしても、うまく伝わりません。というより変な方向に伝わってしまうことも多々あります。

勉強会を始めたときの僕もそうでした。ですから内容を伝えるのはプロに任せて、僕はそれを学んだ感想や本、そして音声をシェアしていました。講演会へ案内もしました。内容というよりも、学ぶための情報をシェアしていたというのが正しい言い方かもしれません。

アウトプットのいちばん正しいやり方は、まずはあなた自身が、先ほどメンタルサポーターの中でお伝えしたシードマンになることです。

ピー助を鳥の学校に連れていったチュンタの役割です。自分で伝えるというよりも、まずはきっかけを渡すことが、正しいハッピーシェアリングなのです。

■「未来会議」3つの約束

SNSが発達し、僕はフェイスブックでたくさんの人とのつながりができました。と同時に、いま試していることがあります。それは「言葉の共有化」です。その中でいちばん好評を呼んで、皆さんに親しまれた言葉があります。それは、

「未来会議」。

僕たちは、8年前からこの言葉を使っていました。というより、僕たちのミーティングの名前が、「未来会議」だったのです。「さあ、未来会議を始めよう」——この言葉を発するだけで、不思議とそのミーティングがワクワクしはじめるので不思議でした。

この未来会議には、3つのルールがあります。

一つ目がマイナストーク禁止。

これは、ルール2の言葉のところでさんざん説明させていただきましたが、とにかくマイナストークで未来を語ると、どんどん未来が暗いものになってしまうからです。

そして二つ目は、ジャッジをしないということ。

会議のシーンではよくある光景ですが、人が何かを発言したときに、「いや、そうは言っても」「そりゃ違うだろ」から受け答えを始める空気が、どこかにあります。ある意味、意見を戦わせるのが会議だという位置づけになっているのかもしれません。得てして人が語ることを「できる」「できない」に分類をしてしまいがちです。しかし、これでは一人ひとりが自由に発言する機会を失ってしまいます。

未来会議は、学校の◯×テストではありません。大切なのは意見や感想がどんどん出てくることです。これは質より数です。

とにかく数を出すこと、そして前向きであれば、すべてオッケーです。学校教育の中で植えつけられた、「とにかく正解を出さなければいけない」という思い込みは捨ててください。いろんな意見を出せることが仲間の条件なのですから。

そして最後は、「うなずきの徹底」です。

これも、あまり教育の中では重要視されていませんが、ある意味人間関係の中で身につけるといちばん強いアクションかもしれません。ただ首を縦に振るだけ。このうなずき文化が人の心の鍵を開け、安心を生み出していく最高の方法なのです。

■ゴールの感情を先に体験してしまおう

さて、次のワークを紹介します。

「かなっちゃったワーク」

といいます。どんなことかと言いますと、頭の中で未来へ行ってしまうのです。最初はあなたのやりたいことを仲間に話します。どんなことでも結構です。

もうおわかりだと思いますが、そこで「そりゃダメだよ」「無理だな」は絶対に禁止です。一発レッドカードと思ってください。相手がどうなっていきたいのかを、とにかく一生懸命に聞きます。

そして、話し終えたあと、「ではワープ」と声をかけます。未来へ飛んでいくのです。その場所はすでにやりたいことが実現されたあとの未来です。行く先は、その打ち上げの場です。ここで主役の人に、他の3人がこう声をかけます。

「おめでとう。どうやってできたの？　壁をどうやって壊したの？」

そして主人公は、そこまでの道のりを相手にくわしく話します。これだけで話す人の頭の中で物語が組み上がっていきます。

ちなみに、これは飲み会形式にして、お酒を入れると大盛り上がりします。しらふだと、ちょっとテレが出ますが、ガンガンに仲間たちとお酒を飲んで、その勢いで「かなっちゃったワーク」をやると、泣く人も出てきたりすることがあります。

これは、冷《さ》めた目で見るととても変てこりんな図式ですが、人に○をもらうためのものではありません。あなたがたが未来の感情体験をするためのワークです。この感情体験ワークは、潜在意識の観点から見ると本当にかなっているのと同じレベルなのです。先に未来の感情体験をするというのは、大きな力になります。

いま思えば笑える話ですが、僕たち陽なた家ファミリーは、この「かなっちゃった飲み会」でいつも泣いていました。しかし不思議ですが、そこで話した「かなっちゃったワーク」は、ほとんどの確率で実現しています。

共に歩ける仲間の存在が、あなたの人生を大きく変えていくのです。

ハッピーシェアリングの進め方

step①

あなたの思いに共感してくれる
3人の仲間を見つける。

step②

あなたが読んで感動した本を
その3人と一緒に読んで勉強会をする。

step③

「未来会議」をする。

① マイナストーク禁止。
② 人の意見をジャッジしない。
③ うなずきの徹底。

step④

「かなっちゃったワーク」をする。

もうすでに自分の夢、目標が
“かなったつもり”になって
その感情を体験する。

最終章

心の壁はこうして壊れていく

■桜咲くとき

さて、この本も終わりに近づいてきました。ここまで読んでくださったあなたへ最後のメッセージを送ります。

まずは、あなたがまわりにいる誰かのシードマンになってください。あなたのことを本当に信じ、そして大切に思ってくれている人、あなたのところに助けを求めてくる人、あなたと共に歩いてくれる人たちのために。そしてあなたが誰かの心の壁を壊すメンタルサポーターになったとき、あなたの心の壁は完全に消滅します。

そしてあなたが人に伝える側にまわったとき、できる限り温かく伝えるよう心がけてください。熱く伝えすぎると、相手のコンフォートゾーンから外《はず》れて、伝わらなくなってしまいます。北風と太陽ではありませんが、本当に伝えようとしたとき、大切なのは熱さより温かさです。人は温かい人のまわりに集まります。

熱すぎると砂漠ができます。温かいと桜が咲いて花見ができます。

そんな一本桜のような、あなたになってください。そしてたくさんの人に未来への楽しみを与えてください。

先行き不安に覆われ、いま、日本には心の壁で苦しんでいる人がたくさんいます。あなたの隣にいる人もそうかもしれません。

こんどはあなたが、その人たちの壁を壊してください。

先人の努力のおかげで、いまの日本は裕福にはなりましたが、残念ながらまだ自分はダメだと思い込んで自信をなくしてしまっている「ピー助症候群」の人がたくさんいます。

ダメな人なんていないんです。ダメだと思い込んでいる人はいたとしても。

まずはあなたがいち早く心の壁を壊し、もう一度、子どもの頃のような全能の心を手に入れてください。そして迷っている人たちのメンタルサポーターになってください。

そんな大人たちが増えていくことで、子どもたちが大人になることに夢をもてるようになります。

そんな大人たちが増えていくことで、いまつらい思いをしている子どもたちが救われていきます。

そんな大人たちが増えていくことで、日本がだんだん明るくなります。

始まりは、あなたのほんの少しの覚悟とはじめの一歩からです。

いま、自信をもって言えます。

人は変われるのです。
鮮やかに。
簡単に。
そしてもっともっと自由に。

■ 未来へ

ラストワークとして、あなたの未来へ行ってみましょう。

イメージしてください。

あなたはいま、エレベーターの前に立っています。

そのエレベーターが開き、あなたは乗り込みます。

するとそのエレベーターには「0」から「10」、そして「B」というボタンがついていました。ドアが閉まると自動的に「B」のボタンにランプがつき、ゆっくりと、エレベーターが下がりはじめました。

到着音が鳴り、外に出ると、その場所には一枚のスクリーンが準備されていました。あなたが椅子に座るとプロジェクターから光が放たれ、映像が始まりました。

タイトルは「ＢＩＲＴＨ」。

そのスクリーンには生まれたばかりの赤ん坊が出てきました。

その映像の主人公はあなた自身です。

両親との思い出。おばあちゃんの記憶。小学校のかけっこ。習字大会での入賞。忘れていたいろんな成功の記憶がよみがえってきます。

ここで、いままで過去に自分ができたこと、うれしかったことをできる限り思い出してみてください。とりあえず大きなことから小さなことまで思いつく限り、すべてです。

たとえば、小学校2年のとき、かけっこで1等賞になった。家族旅行で南の島へ行った。

好きな人に告白してオッケーをもらった、など。

思い出して、その一つ一つをたどって、そのときの感情を思い出してください。そして映画は終わりました。

あなたは再びエレベーターに戻りドアが閉まると、こんどは自動的に「10」のボタンにランプがつきました。すると、すーっとエレベーターは上がりはじめました。

到着音が鳴り、外に出ると、たくさんの人が、あなたを大きな拍手で迎え入れてくれています。

その場所は、あなたは理想の自分を手に入れた、パーティー会場でした。仲間たちが、あなたの達成をお祝いしようと企画してくれたものでした。あなたのまわりに、あなたの大好きな人が集まってきて、あなたにたくさんのエールや「ありがとう！」の言葉をかけてくれています。

これがあなたの10年後の未来です。

その声、そして感情をしっかり体験してください。

パーティーが終わり、あなたは、いちばん大切な人と二人で海が見えるバーに移動します。今日のパーティーや感想、そこまで大変だったことを大切な人に話しています。そして、あなたは、そのいちばん大切な人に、こんな言葉をかけます。

「ありがとう。ここまで来られたのは、あなたのおかげだよ。本当にいてくれてありがとう。この姿をあなたに、いちばん見てほしかった」

その言葉を聞いた、あなたの大切な人の、涙をこらえた何とも言えない表情をイメージしてください。

時間が来て案内人が迎えにきました。

「ちょっと待っててね」

「え?……うん」

案内人は、あなたのお迎えでした。あなたはもうちょっと時間をもらえるように、その案内人に頼みました。でも、その願いはかなえられませんでした。残念ながらタイムオーバーです。

「ごめん。時間が来ちゃった」

その人はまた泣きそうになりましたが、グッとこらえて、こう言いました。

「がんばって会いにきてね。待ってるから」

そう約束してエレベーターに乗ると、「0」のボタンにランプがつきました。エレベーターのドアについたガラスの向こうで、大切な人が手を振ります。エレベーターは動きはじめました。

「10、9、8、7……3、2、1、0」

到着音が鳴り、外に出ました。

お帰りなさい。あなたは現在に戻ってきました。

最後にいまの気持ちのまま、あなたのことを応援してくれている人を思い出してみてください。あなたがいま、どんな環境であったとしても、あなたは一人ではありません。実際にあなたが苦しい状況にいるとしても、誰か一人は必ず、あなたのことを心配したり、応援してくれているはずです。

いつも話を聞いてくれる友達、職場の仲間、あたたかい声をかけてくれる人。物も同じです。水がある。ペンがある。紙がある。そして、いま、この本を読んでいる。

あなたのまわりには、前に進める理由がたくさん存在します。思いつく限り探してみてください。いまなら必ず見えてきますから。

最後になりますがこの本の結論を言います。

心の壁は、あなたのつくり出した幻です。

あなたはその幻に踊らされていただけです。「できない」と思い込まされていただけなのです。そう気がついた瞬間に、もうすでに壁は壊れはじめています。あとは壊したままでいつづける努力だけです。

そしてここからは、「壁なんかない」と思っている状態をキープさせるのです。ここから大切なことは学んだことの反復と継続です。それを繰り返すたびにゆっくりゆっくりとあなたの中のセルフイメージが変わり、あなたをうまくいかせる方法に向けてのＲＡＳが開きはじめます。そろそろ、あなたには無限の力があることに気づいてください。そして、いまの感覚を忘れないでください。

生まれてから、いままでの記憶、過去、あなたのことを大切に育ててくれた、心優しき人たち、そして、いま、この瞬間、あなたのことを隣で支えてくれている大切な仲間、そしてメンタルサポーター。

そして何よりも、未来であなたのことを海辺のバーで待ちつづけている大切な人のために。

さあ、歩き始めましょう。未来の自分と握手できる瞬間というゴールに向かって。

二度目の誕生、おめでとうございます。いまあなたの人生に「ＢＲＥＡＫ」が起きました。

その後の飛べない鳥の物語

時がたった。

鳥の学校では、今日も相変わらずたくさんの鳥たちが、ばたばた羽をふって飛ぶ練習をしている。

「先生、見てみて！」

「うん、いま、こっちに教えてるから、あとで見るよ」

「先生、こっちこっち」

先生は子どもたちに大人気だ。

「遅れちゃった。ごめーん」

ちょっと遅れて、一羽の生徒が学校に入ってきた。

その鳥の後ろには、見たことのない鳥がトボトボとついてきていた。

生徒は笑顔で、こう言った。

「ピー助先生。こいつ仲間に入れてやってよ」

おわりに

「心の壁の壊し方」、最後まで読んでくださって本当にありがとうございます。あとがきになりましたが、最後にもう一つだけ、心の壁を壊していくのにいちばん大切なことをお伝えさせてください。

それは、

繰り返しが新しいセルフイメージを生み出す

ということです。

僕がいまこうして無事に経営できるのも、そしてこうして本を書かせていただけるのも、すべては師匠をはじめとする成功者の音声や本を、繰り返して勉強することができたからだと思います。

もし、あなたが本書のセルフイメージコーチングを身につけようと思っていただけたなら、早いうちに7回は読んでください。そのたびに理解が深まっていきますので。

本書はたくさんの人たちのおかげで、無事に産声《うぶごえ》を上げることができました。この場をお借りして感謝をお伝えさせていただきます。

そして、数ある書籍の中からこの本を選んで読んでくださったあなたへ。

本当に本当にありがとうございます。これからもあなたのお役に立てる本を書きつづけていけるよう、自分自身を磨いていきますので、引き続きあたたかい応援をよろしくお願いいたします。

いつかあなたに恩返しができますように。あなたといつかどこかで出会えますように。

あなたと仲間になれますように。そして、あなたと、あなたの大切な人たちが、これからもずっと幸せでありますように。

感謝。

永松茂久

［著者略歴］

永松茂久　Shigehisa Nagamatsu

株式会社人財育成JAPAN代表取締役
知覧ホタル館 富屋食堂 特任館長
大分県中津市生まれ。たこ焼き屋の行商から商売をはじめ、日商平均25万円を売るたこ焼き屋として、メディアで大反響になる。現在経営する中津市のダイニング「陽なた家」、「夢天までとどけ」、福岡市中央区の居酒屋「大名陽なた家」、「陽なた家茂虎」「博多屋台 幸龍」はいずれも口コミだけで全国から大勢の人が集まる大繁盛店になっている。「一流の人材を集めるのではなく、今いる人間を一流にする」というコンセプトのユニークな人財育成には定評があり、数多くの講演、セミナーを実施。「人の在り方」を伝えるニューリーダーとして多くの若者から圧倒的な支持を得ており、累積動員数は述べ30万人にのぼる。また、鹿児島県南九州市にある「知覧ホタル館」の特任館長も務め「知覧フォーユー研修さくら祭り」など、自身が提唱する「フォーユー精神」を培う研修を行っている。経営、講演だけではなく執筆、人財育成、出版スタジオ、イベント主催、映像編集、コンサルティングなど数々の事業展開をこなす、メイドイン九州の実業家である。
著書に『成功の条件』『一流になる男、その他大勢で終わる男』『男の条件』『人生に迷ったら知覧に行け』（きずな出版）、『悩まない力』（徳間書店）、『黙っていても人がついてくるリーダーの条件』（KADOKAWA）、『感動の条件』（KKロングセラーズ）等があり、著書累計80万部を売り上げている。

永松茂久HP　http://nagamatsushigehisa.com/

Kizuna Pocket Edition

心の壁の壊し方

「できない」が「できる」に変わる3つのルール

2017年2月1日　初版第1刷発行

著　者　永松茂久
発行者　櫻井秀勲
発行所　きずな出版
〒162-0816
東京都新宿区白銀町1-13
電話03-3260-0391
振替00160-2-633551
http://www.kizuna-pub.jp/

装　幀　福田和雄(FUKUDA DESIGN)
(新装版アレンジデザイン)
印刷・製本　モリモト印刷

ISBN978-4-907072-89-6

きずな出版